CAMPAGNE

DES AUTRICHIENS

CONTRE MURAT,

en 1815.

CAMPAGNE

DES AUTRICHIENS

CONTRE MURAT,

EN 1815,

Précédée d'un coup d'oeil sur les négociations secrètes qui eurent lieu a Naples depuis la paix de Paris, 1814, jusqu'au commencement des hostilités; des détails sur la conjuration de Milan, du 25 avril 1815, et sur le meurtre du ministre Prina ; suivie d'une notice historique sur la vie et la mort de Joachim Murat; d'une description du théatre de la guerre et de ce que cette partie de l'Italie offre de plus intéressant sous le rapport de l'histoire naturelle, des beaux-arts et de l'antiquité;

PAR V** C** DE Br, TÉMOIN OCULAIRE.

TOME SECOND.

BRUXELLES,

Aug. WAHLEN et Compᵒ, IMP.-LIBRAIRES.

LEIPZIG ET GENÈVE, MÊME MAISON.

—

MDCCCXXI

CAMPAGNE

DES AUTRICHIENS

CONTRE MURAT,

EN 1815.

DEUXIÈME PARTIE.

—

NOTICE HISTORIQUE SUR JOACHIM MURAT.

JOACHIM MURAT, ci-devant grand-duc de Berg, et depuis roi de Naples, né le 25 mars 1768, à la Bastide Fortunière, district de Gourdon, département du Lot, d'une famille de cultivateurs estimée et dans l'aisance, fut destiné dès son enfance à l'état ecclésiastique, pour succéder à un de ses oncles, qui jouissait d'un bénéfice. Envoyé au collége de Cahors, pour y faire ses premières études, il y travailla peu et se livra avec toute l'impétuosité de son caractère à la dissipation et aux plaisirs. Quoique placé dans un séminaire afin

que l'habitude et l'exemple lui inspirassent quelque
goût pour l'état auquel il était appelé, le jeune
Murat parvenait à se soustraire à toutes les surveil-
lances, était de toutes les parties de plaisir faites
par ses camarades, et montrait une opposition
toujours plus invincible aux vues de sa famille.
Ses premières études terminées, il fut envoyé à
l'université de Toulouse pour y prendre ses grades
en droit canon; mais là, plus éloigné de ses parens, affranchi d'une surveillance importune, et
par conséquent plus libre de se livrer à toute l'ef-
fervescence de ses passions, il se trouva un jour
avoir dépensé fort au-delà de ses moyens. Une
ressource se présenta aussitôt à son esprit, ce fut
d'aller trouver un maréchal-des-logis du régiment
des Ardennes, nommé La Rocheblin, chargé de
recruter pour son corps, et de recevoir de lui le
prix de l'engagement qu'il signa sans condition.
Ses parens instruits de cette équipée de jeunesse,
lui envoyèrent cette fois de quoi s'acquitter; mais
il ne jouit pas long-tems de sa liberté, soit que dès-
lors il se sentit entraîné vers l'état militaire par
un penchant irrésistible. Soit que de nouvelles
folies de jeunesse lui eussent rendu la même ressource nécessaire, Murat alla retrouver le maréchal-des-logis, en reçut un enrôlement définitif,
et joignit son régiment. Cette époque était celle
où la grande fermentation qui agitait tous les es-

prits, s'était communiquée à l'armée; déjà parvenu au grade de maréchal-des-logis, Murat qui la partageait au plus haut point, prit part à un de ces actes d'insubordination alors si communs dans les régimens, et quoique l'affaire parût sérieuse M^r. De la Roque, de Cahors, qui l'aimait comme un des meilleurs et des plus braves sous – officiers de sa compagnie, le protégea, et ses chefs se bornèrent à lui donner un congé absolu. Murat revint alors dans sa famille. Il était à S^t. Céré chez un de ses parens, où la bonté de son cœur, la franchise et l'amabilité de ses manières lui avaient acquis l'affection de tous ceux qui fréquentaient cette maison, lorsqu'à la fin de 1791, se forma la garde constitutionnelle de Louis XVI. Le département du Lot devait fournir trois gardes; Murat fut du nombre des candidats présentés par les districts au choix du directoire du département. Vivement appuyé par M^r. Cavaignac, un de ses membres, lui et M^r. Bessières, depuis duc d'Istrie et maréchal, furent envoyés à Paris et entrèrent dans la garde du roi. Murat était depuis peu de tems dans ce corps, lorsque des propositions qu'il jugea contraires à ses opinions, lui furent faites par un de ses compatriotes, ancien membre de l'assemblée constituante. Non content de repousser ces propositions, Murat en fit part au directoire du département du Lot qui adressa la lettre au comité

de surveillance de l'assemblée législative. Ces ren-
seignemens arrivés à Paris à la fin d'avril 1792,
joints à plusieurs autres de même nature, alar-
mèrent vivement l'assemblée sur l'esprit qu'on
s'efforçait d'introduire dans la garde royale, ainsi
que sur l'usage auquel on projetait dès - lors de
l'employer un jour, et déterminèrent la résolution
qui fut exécutée, dès ce moment, par le parti op-
posé à la cour, de faire dissoudre immédiatement
cette garde; résolution qui fut exécutée le 3o mai
suivant.

A peine sorti de ce corps, Murat obtint une
sous-lieutenance dans un régiment de chasseurs
à cheval, devint aide-de-camp du général d'Hurre,
et passa avec de l'avancement dans un nouveau
corps de chasseurs à cheval, que le colonel Lan-
drieux organisait alors à Versailles, et qui depuis
a été connu sous le nom de 21me. Ce régiment
était en garnison à Paris lors des insurrections des
1er avril et 20 mai 1795. Il y était encore lors de
la révolte sectionnaire qui éclata le 5 octobre 1795.
Antérieurement à ces époques, Murat y avait été
nommé chef-d'escadron; il se conduisit avec autant
de sang-froid que de bravoure, dans ces diverses
circonstances et fut nommé, dès les premiers jours
de l'installation du directoire, colonel à la suite,
avec promesse d'avoir le commandement du 21me

à la retraite du colonel Dupré qui allait l'obtenir. Nous ignorons sur quel fondement la *Biographie* d'Eymeri a envoyé Murat à l'armée des Pyrénées orientales: il n'a jamais servi dans cette armée, car du moment que le général Bonaparte eut quitté, à la fin de mars 1796, le commandement de l'armée de l'intérieur, pour prendre celui de l'armée d'Italie, il attacha le chef-de-brigade Murat à sa personne, en qualité de premier aide-de-camp, et partit avec lui. Dès les premières affaires de cette campagne, Murat se distingua par son éclatante intrépidité. A la suite des faits d'armes les plus brillans par lesquels il s'était également distingué comme aide-de-camp et comme colonel, il fut chargé, en mai 1796, d'apporter au directoire exécutif, 21 drapeaux pris en différentes occasions sur les Austro-Sardes.

Le chef-de-brigade Murat reçut du directoire l'accueil le plus flatteur et fut élevé au grade de général de brigade, avec lequel il repartit peu après pour l'armée. La bataille de Roveredo, 4 septembre 1796, où, poursuivant l'ennemi, il passa l'Adige à gué avec un détachement du 10me de chasseurs, portant en croupe un égal nombre de fantassins; celle de Bassano, 8 septembre, où il commandait un corps de cavalerie; le combat de Céra, où, à la tête des chasseurs, il culbuta des escadrons de la cavalerie du général Wurmser ; le combat de S.ᵗ-George, où il fut blessé ; enfin celui de la Corona, où il contribua puissamment au succès de l'affaire à la tête d'une demi-brigade d'infanterie légère, avec laquelle il avait marché toute la nuit, pour tourner la position attaquée, avaient déjà placé Murat au rang des généraux les plus braves de l'armée, et lui avaient acquis toute la confiance du général en chef Bonaparte, lorsque celui-ci le chargea de diverses missions diplomatiques près la cour de Turin et le gouvernement de la république de Gênes, et quoiqu'à cette époque des missions de ce genre se réduisissent presque toujours à signifier les ordres du général victorieux, il est juste de dire que Murat les remplit avec une intelligence remarquable, et commença dès-lors à développer des talens qui se sont accrus ensuite avec l'importance des événemens, et celle de sa situation personnelle. Lorsqu'en février 1798, le général Berthier, chargé du commandement de l'armée, dans l'absence de Bonaparte qui s'était rendu à Rastadt et à Paris, eut occupé les états romains, le général Murat fut chargé sous ses ordres du commandement de la ville de Rome. Une insurrection violente ayant éclaté contre les Français, à Albano et Castella, il marcha contre les habitans de ces deux villes et les soumit. Dans l'impossibilité d'énumérer tous les faits mi-

-litaires de cette guerre qui fut terminée, le 17 octobre 1797, par le traité de Campo-Formio et dans laquelle le général Murat avait obtenu la réputation d'un des plus braves généraux de cavalerie, nous nous bornerons à indiquer les batailles de Rivoli et de la Favorite livrées en janvier 1797, à cinq jours de distance, et le passage du Tagliamento exécuté à deux mois de là par le général Murat, à la tête d'une division de l'armée française et sous le feu des batteries autrichiennes, comme des époques de la carrière militaire de ce général, qui peuvent être citées comme des brillans faits d'armes. Revenu à Paris à l'époque où se préparait l'importante expédition d'Egypte, Murat accompagna le général Bonaparte à Toulon, et s'embarqua avec lui pour l'Afrique, le 19 mai 1798. Le 9 juin, la flotte se trouvant devant Malte, une descente fut effectuée dans l'île, et le général Murat successivement chargé de plusieurs missions auprès du grand-maître venait de prendre le commandement d'une colonne destinée à agir hostillement en cas de résistance; mais le grand-maître et les chevaliers, forcés par les circonstances à capituler, l'expédition continua sa route, et débarqua dans la nuit du premier juillet 1798, dans la rade d'Aboukir. Le lendemain les Français étaient maîtres d'Alexandrie, et huit jours après ils se trouvaient au pied des pyramides; là se livra une sanglante bataille où les mameloucks furent entièrement défaits par l'artillerie et par le fer des carabiniers ; ce jour faillit être le dernier de la vie de Murat ; emporté par son ardeur en commandant une charge de cavalerie, il se trouva quelques instans seul, au milieu d'un parti de mameloucks, et, malgré sa valeur, il eût sans doute succombé sous le nombre de ses ennemis, si plusieurs cavaliers accourus à son secours, ne fussent arrivés à tems pour le dégager. La victoire des pyramides avait ouvert aux Français les portes du Caire ; les soldats avides de butin, se précipitaient avec fureur partout où ils espéraient pouvoir assouvir cette vile passion. Murat venait d'entrer dans la maison d'un riche mamelouck à l'instant où plusieurs soldats s'étant introduits dans le harem, avaient jeté l'effroi parmi les femmes, qui avaient pris la fuite ; une seule n'avait pu échapper et l'infortunée allait être victime de la brutalité des vainqueurs, lorsque Murat attiré par ses cris, s'élança à son secours. A l'aspect d'une jeune fille de 16 ans, d'une figure ravissante, qui se précipite à ses pieds et le conjure de la protéger, son cœur est vivement ému ; il ordonne aux soldats de se retirer, mais ceux-ci loin de lui obéir opposent une forte résistance à ses efforts, et l'un d'eux ose même menacer son général de lui casser la tête, si lui-même ne se retire : à l'instant enflammé

de colère; Murat d'un coup de sabre abat le poi-
gnet du soldat et se dispose à attaquer les autres.
Cette fermeté les intimide, ils prennent la fuite ,
et laissent la belle Egyptienne évanouie dans les
bras de son libérateur ; éperduement amoureux
d'elle, Murat ne s'en sépara que lors de l'expédition
de la Syrie ; à cette époque, elle ne quitta point
le Caire, mais pendant l'absence de Murat , un
capitaine d'artillerie la vit, s'en fit aimer et l'enleva.

Pendant l'expédition de Syrie, Murat y commandait un corps d'environ 1,000 hommes de cavalerie, soutenue de six pièces de canon qui pré-
cédaient l'infanterie. Le 26 février 1799 , l'armée
se dirigea sur Gaza. Après plusieurs jours de marche, pendant lesquels le général Murat déploya
son activité accoutumée, l'armée arriva sous les
murs de St.-Jean-d'Acre. Pendant ce siége, où les
assiégés déployèrent tant de valeur et de fermeté,
Murat donna de nouvelles preuves de courage,
et fut du nombre des généraux qui montèrent à
l'assaut avec les soldats. Cependant les Turcs repoussés jusques-là, s'étaient ralliés, avaient repris
l'offensive et tenaient étroitement bloquée la forteresse de Saffet, située sur la rive droite du Jour-
dain et que son absolu dénuement de provisions
de guerre et de bouche eût fait inévitablement
tomber bientôt en leur pouvoir. Murat reçut l'or-

dre de s'y porter à grandes journées à la tête de 1000 hommes d'infanterie et d'un régiment de cavalerie. Il partit le 13 avril 1799 : dès le 27, les Turcs avaient été repoussés du pont de Jacoub ; Saffet était débloquée, et l'ennemi fut poursuivi l'espace de plusieurs lieues sur la route de Damas. La rapidité avec laquelle Murat exécuta tous ses mouvemens contribua puissamment à la victoire du Mont-Thabor, 16 avril 1799. Pendant que le général Desaix, chargé de s'emparer de la haute Egypte, battait dans plusieurs endroits les mameloucks, commandés par Jbrahim-Bey, et que Mourad-Bey cherchait à se réunir à un rassemblement d'Arabes, qui s'était formé sur les lacs Natron, Murat qui venait de recevoir l'ordre de disperser les rassemblemens d'Arabes, et de couper le chemin à Mourad-Bey, avait déjà exécuté cet ordre, fait prisonniers chemin faisant un Kiachef et trente mameloucks, dissipé les partis arabes et prévenu par cette activité l'arrivée de Mourad-Bey, qui à cette nouvelle rétrograda et s'établit, le 13 juillet 1799, près des pyramides Giseh du côté du désert.

Instruit de ce mouvement Bonaparte partit du Caire en faisant passer à Murat, l'ordre de le joindre à ces pyramides. Mourad qui ne les attendit pas, s'était retiré avec précipitation sur la haute

Egypte par Faïoum, où Murat l'avait déjà poursuivi pendant cinq lieues, lorsque sur l'arrivée
d'une lettre qui annonçait au général en chef que
cent voiles turques venaient de mouiller à Aboukir, et montraient des dispositions hostiles contre
Alexandrie, celui-ci ordonna au général Murat
de se mettre en marche pour Rhamanié avec sa
cavalerie, les grenadiers de la 69me brigade, ceux
des 18me et 32me, les éclaireurs et un bataillon de
la 13me qu'il avait déjà sous ses ordres. Il y arriva
le 17 juillet 1799, et en partit trois jours après
pour se rendre à Birket, avec la cavalerie, les dromadaires, les grenadiers et le 1er bataillon de la
69me. Mustapha-Pacha commandant de l'armée
turque, venait de débarquer avec 15,000 hommes,
et s'occupait à se retrancher, lorsque l'armée française dont le quartier-général était arrivé à Alexandrie, prit position, dans la nuit du 6 au 7 thermidor, entre cette ville et Aboukir; le général
Murat avait la cavalerie sous ses ordres et commandait l'avant-garde. Le 7 thermidor, au point
du jour, l'armée s'ébranle, et s'avance avec impétuosité sur les retranchemens des Turcs; mais
leur bravoure fit échouer cette attaque, et les Français repoussés essuyèrent une grande perte, par un
feu meurtrier. Il était même vraisemblable qu'ils
seraient forcés de retrograder précipitamment sur
Alexandrie, lorsque Murat, saisissant l'instant où

le général Lannes faisait attaquer la redoute des ennemis par les bataillons de la 22me et de la 69me demi-brigade, ordonna à un escadron de charger et de percer toutes les positions des Turcs jusques sur les fossés du fort; ce mouvement est exécuté si à propos et avec une telle précision qu'au moment où la redoute était forcée, cet escadron arrivait déjà pour couper aux Turcs toute retraite dans le fort: la déroute est complète; l'ennemi en désordre est frappé de terreur, trouve partout la mort et ne croit pouvoir l'éviter qu'en se précipitant dans la mer. Plusieurs mille hommes embrassent ce funeste et dernier moyen de salut, mais presque tous y périssent sous le feu de l'artillerie et de la mousqueterie.

Murat pénétra avec sa cavalerie jusques dans le camp des Turcs; et quoique dès le commencement de la charge, il eût reçu une blessure, il resta à la tête de sa colonne. Il se trouva en présence du fils du Pacha du Caire, qu'il voulut faire prisonnier; mais celui-ci lui tira presqu'à bout portant un coup de pistolet, dont Murat fut légèrement blessé au-dessous de la machoire inférieure: plus prompt que l'éclair, il s'élance sur son adversaire, lui abat deux doigts de la main droite, le fait saisir par deux soldats et conduire au quartier-général. Cette victoire dont la gloire presqu'entière appartient à Murat, et à la suite de laquelle il obtint le grade de général de division, fut la dernière à laquelle il prit part en Egypte. Bonaparte abandonnant son armée, emmena avec lui Murat. Il arriva à Paris le 16 octobre 1799. Devenu dèslors l'homme de la plus intime confiance de Bonaparte, qui le destinait à son alliance, il lui rendit les plus éminens services à St. - Cloud, dans la journée du 10 novembre 1799, et peut - être n'assura-t-il pas moins le succès encore incertain de cette révolution par les conseils qu'il donna au général Bonaparte, à l'instant où celui-ci paraissait effrayé du danger de sa position, que lorsqu'à la tête de soixante grenadiers, portant les armes hautes, il entra dans la salle du conseil des cinq-cents avec un sang-froid dont un homme d'une aussi bouillante valeur paraissait peu capable, disant d'une voix ferme mais concentrée, aux députés et aux spectateurs qui remplissaient la salle du conseil : « que les bons citoyens se retirent; » le conseil des cinq-cents est dissous ». L'année suivante le général Murat, reçut la main de Marie-Annonciade-Caroline Bonaparte, la plus jeune des sœurs du premier consul, et fut nommé commandant de la garde consulaire. Lorqu'en mai 1800, les hostilités recommencèrent en Italie, entre l'Autriche et la France, le général Murat accompagna le premier consul. Entré le

28 mai dans Verceille de vive force, à la tête d'une division de l'armée, il enleva une grand'-garde, culbuta la garnison, s'empara des magasins; passa ensuite la Sesia, après avoir repoussé 1,000 hommes de cavalerie, qui en défendaient le passage; se porta sur Novarre dont il se rendit maître le 30 mai 1800, et prit position le long de la rive droite du Tessin, dont le passage lui fut vivement disputé, mais qu'il franchit après un combat sanglant, livré en présence du premier consul. Sa division fut la première qui, le même jour, se présenta aux portes de Milan, dont les magistrats vinrent lui offrir les clefs. Il entra aussitôt dans la ville, fit cerner la citadelle, passa ensuite le Pô à Nocetto, occupa Plaisance le 9 juin 1800, et s'empara des immenses magasins de l'ennemi, auquel il fit beaucoup de prisonniers. Lors de la bataille de Marengo, qui eut lieu sept jours après, 14 juin, le général Murat commandait la cavalerie française et contribua à arracher la victoire aux Autrichiens qui se considéraient déjà comme vainqueurs dans l'après-midi de cette importante journée, et qui ne durent la perte de cette bataille qu'à leur inconcevable sécurité, et à la bravoure et à l'habileté avec laquelle le général Desaix sut en profiter. A la suite de cette journée Murat reçut un sabre d'honneur; l'année suivante, il commanda en chef l'armée d'observation qui se mit

en marche pour Ancône. Il était chargé d'occuper les contrées cédées à l'armée française par l'armistice de Trevise, et de remettre le pape en possession de ses états. L'arrivée des troupes françaises obligea les Napolitains à évacuer le château St.-Ange, les marches et tout le territoire de l'Église. Le 18 février 1801, il signa les conditions de l'armistice conclu entre la république française et le roi des Deux-Siciles. A la suite de ce traité il adressa aux réfugiés napolitains une proclamation pour les inviter à rentrer dans leurs foyers, où le gouvernement français leur garantissait sûreté et protection, et partit lui-même pour Naples avec son état-major afin d'y recevoir les contributions stipulées, et d'établir dans ce royaume, sous les ordres du général Gouvion St.-Cyr, un corps de troupes destiné à garantir l'exécution de toutes les parties du traité. Il fut ensuite chargé du gouvernement de la république-cisalpine ; et après s'être rendu à Lyon, dans les premiers jours de janvier, pour y assister aux séances de la *consulta*, il en repartit pour Milan vers la fin du même mois, et installa, le 14 février, le nouveau gouvernement, dont la présidence venait d'être déférée au premier consul Bonaparte. Un magnifique sabre fut offert à Murat, en reconnaissance des soins qu'il avait donnés aux affaires pendant le gouvernement provisoire, mais il le refusa, di-

sant : « qu'il désirait que la valeur en fût em-
ployée aux besoins de l'armée ». De retour en
France en 1803 , il fut nommé président du collége électoral du département du Lot dans lequel
il était né, et entra peu après au corps-législatif.
Le 16 janvier 1804, il devint gouverneur de Paris,
avec le rang et les honneurs de général en chef;
ce fut en cette qualité qu'il se rendit complice de
l'atroce assassinat commis, le 22 mars, sur la personne du malheureux duc d'Enghien, en prési-
dant le soi-disant conseil militaire, nommé pour
faire exécuter cet acte de barbarie. Le 19 mai
suivant, il fut promu à la dignité de maréchal
d'empire. Le 1er février 1805, l'empereur l'éleva
au rang de prince en lui conférant le titre de
grand-amiral, et, vers la même époque, il reçut le
grand-aigle de la légion-d'honneur, l'aigle noir de
Prusse et l'ordre de St. - Hubert de Bavière. La
guerre ayant été déclarée à l'Autriche dans la
séance sénatoriale du 23 septembre 1805. Murat
chargé du commandement général de la cavalerie, passa le Rhin à Kehl, avec sa réserve, occupa les débouchés de la Forêt-Noire, et se porta
en Bavière au moment de la capitulation d'Ulm;
il poursuivit les corps autrichiens qui se retiraient
en Bohême par la Franconnie sous les ordres de
l'archiduc Ferdinand, arriva l'un des premiers
sur la route de Vienne, se porta à St.-Poelten ,

et fit, le onze novembre, son entrée dans la capitale des états héréditaires. Le 18 du même mois, il entra à Brunn, en Moravie, le 20 il repoussa à Hollabrunn un corps russe. Enfin, le 2 décembre, son intrépidité unie à son activité contribuèrent éminemment à la victoire d'Austerlitz.

Rentré en France, Murat reprit ses fonctions de gouverneur de Paris. Le 13 mars 1806, à la suite des arrangemens qui avaient été pris avec la Prusse, après la bataille d'Austerlitz, l'empereur céda en toute propriété à ce prince le duché de Clèves et de Berg, dont il prit possession avec le titre de grand-duc, qui fut immédiatement reconnu par toutes les puissances du continent. Ce fut sous ce nouveau titre, et comme chargé avec le prince de Ponte-Corvo et le maréchal Davoust, du commandement du centre de l'armée, que le prince Murat fit, en octobre de la même année, la campagne contre la Prusse. Chargé avec le prince de Ponte-Corvo de poursuivre les débris de l'armée prussienne, qui cherchaient à gagner Stettin, pour y passer l'Oder, Murat ayant gagné plusieurs marches, sur le prince de Hohenlohe, l'atteignit près de la ville de Prentzlow, où il arriva le 28 octobre, à neuf heures du matin; à dix heures, il vit ce corps de Prussiens en pleine marche, aussitôt il ordonna au général Lasalle de charger dans les

faubourgs, et le fait soutenir par les généraux
Grouchy et Beaumont; en même temps, il donna
l'ordre au général Belliard de sommer la ville dont
les portes étaient déjà brisées, et force le prince
de Hohenlohe, dont les troupes étaient exténuées
et manquaient en partie de munitions, à capituler.
Poursuivant toujours ses avantages, le grand-duc
avait, le 31 octobre, son quartier-général à Friedland, où il fit un grand nombre de prisonniers.
Entré à Varsovie, le 28 novembre, il y tomba
malade, mais il ne vint pas moins joindre l'armée,
le mois suivant; il fit des prodiges de valeur, à la
bataille d'Eylau livrée le 9 février 1807, et où
après des efforts extraordinaires, également glo-
rieux pour les deux armées, les Français ne conservèrent d'autre avantage sur les Russes, que
celui de coucher moins éloignés qu'eux du champ
de bataille, que les deux armées abandonnèrent.
La victoire de Friedland, (14 juin 1807) après
laquelle il poursuivit l'ennemi dans sa retraite,
ayant décidé du sort de la campagne en faveur
des Français, et le traité de Tilsitt ayant mis un
terme à l'effusion du sang, le grand-duc de Berg
revint à Paris avec l'empereur Napoléon. Lorsque
celui-ci, au mépris des droits les plus sacrés des
peuples eût résolu de placer sa famille sur le trône
des Espagnes, le grand-duc de Berg eut le triste
honneur d'être choisi pour préparer cette œuvre

d'iniquité, et fut nommé général-en-chef de l'armée d'invasion. Le 23 mars 1808, il entra dans Madrid, à la tête de l'armée française. Une fermentation sourde s'était manifestée dans cette ville depuis les événemens d'Aranjuez; la présence des Français la fit redoubler, ils étaient journellement insultés, menacés, attaqués. Des proclamations contre eux étaient colportées dans les campagnes. Enfin, la reine d'Etrurie et l'infant don Francisco, prévoyant les funestes événemens qui se préparaient, se voyent déterminés par les intrigues sourdes de Bonaparte, de se rendre à Bayonne, où se trouvaient déja Charles IV et la reine. Le grand-duc les envoya complimenter à leur départ, par un de ses aides-de-camp; mais cet officier arrivé sur la place du palais, et entouré par un rassemblement, est frappé et renversé de cheval, il se défend long-temps; il est sur le point de périr, lorsque les grenadiers de la garde arrivent la bayonnette en avant, et l'arrachent à la fureur de la multitude. Au même instant, un autre officier est blessé à quelque distance. La grand'-rue d'Alcala, la porte du Soleil, la place mayer se couvrent de peuple; le grand-duc fait battre la générale; un bataillon de la garde de piquet à son palais, se rend sur la place avec deux pièces de canon; insulté, menacé, assailli de pierres par les insurgés, il se range en bataille et commence un feu de deux rangs, que vient soutenir l'artillerie ; on se bat avec acharnement ; mais sans ordre dans ses mouvemens, et mal armée, la foule est bientôt dispersée et abandonne la place jonchée de morts ; cependant Murat crut que dans des circonstances aussi graves toute faiblesse serait funeste, et que l'épée une fois tirée, il fallait anéantir d'aussi redoutables ennemis animés par l'amour de leur roi et de leur patrie, ou se ré-soudre à être anéanti par eux. Il donna donc l'or-dre au général Grouchy d'entrer par la rue d'Al-cala pour dissoudre un rassemblement de plus de 20,000 personnes, qui s'était formé dans cette rue et les places environnantes. Trente coups de canon à mitraille et quelques charges de cavalerie net-toyèrent toutes les rues ; les insurgés se réfugiè-rent alors dans les maisons, et commencèrent à tirer par les fenêtres ; mais les généraux Quillot et Dambray firent enfoncer les portes des maisons où ils étaient retranchés, et tout ce qui fut trouvé les armes à la main fut passé au fil de l'épée. En même temps d'autres partis d'insurgés se portaient à l'arsenal pour s'emparer de vingt-huit pièces de canon et de dix mille fusils qui s'y trouvaient. Murat envoya au général Lefranc, qui était ca-serné avec sa brigade au couvent de San-Bernar-dino, l'ordre de marcher sur eux avec un régi-ment. Les insurgés n'eurent que le temps de tirer quelques coups de canon ; tout ce qui se trouva à l'arsenal fut passé au fil de l'épéc. Deux bataillons de fusiliers de la garde, commandés par le colonel Friederichs ; un piquet de chasseurs de la garde et cinq à six cents hommes de cavalerie avaient seuls pris part aux événemens du 2 mai ; mais au bruit du canon, la générale avait battu dans les cinq camps qui entouraient Madrid ; les divisions s'étaient formées et s'étaient dirigées sur cette ville, où tout était terminé lorsqu'ils arrivèrent. Le 4 mai, la junte suprême du gouvernement fut assez faible pour décider que la présidence de cette autorité, dont Murat avait été investi, après que le roi avait été enlevé à son royaume par la plus noire perfidie, lui serait continuée. Murat cédant à son ambition personnelle et entraîné par ses relations de famille et de politique, oublia combien il porta atteinte aux droits sacrés de la brave nation espagnole, en acceptant les pouvoirs que son parti lui offrait. Ce qui peut servir à pallier ses torts, c'est de faire entrer en ligne de compte, l'immense et funeste ascendant qu'exerçait alors sur l'Europe, Napoléon qui, habitué d'abuser de la victoire pour briser toutes les résistances que lui avaient quelquefois opposées les peuples et les rois, ne se fut certainement pas montré disposé à souffrir celles qu'il eut rencontrées dans sa propre famille. Dès le 22 mai 1808, Murat fut investi à Madrid, comme lieutenant du roi Charles IV , de toute la plénitnde de l'autorité royale. Substitué par la violence aux droits des princes espagnols, Bonaparte continua le grand-duc de Berg dans la lieutenance générale du royau-me, et Bonaparte ayant à son tour, transmis ses nouveaux droits à son frère Joseph, qui par un décret daté de Bayonne le 10 juin, maintint Murat dans les mêmes fonctions; cependant il dé-sirait vivement de quitter Madrid, et d'aller pren-dre possession du royaume de Naples, dont il avait été proclamé roi , au moment de l'avènement de Joseph au trône d'Espagne, et le désirait d'autant plus que flatté par Napoléon de l'idée que si l'issue de sa mission rendait le trône d'Espagne vacant, il pourrait y être élevé, il avait témoigné un pro-fond mécontentement, lorsqu'il apprit à Madrid, que le prince Joseph venait d'arriver de Naples à Bayonne, et que l'empereur l'avait salué roi d'Es-pagne et des Indes. Ce ne fut pas sans de grandes oppositions de la part de la famille de Bonaparte, et particulièrement de Joseph, que Murat obtint la couronne de Naples. Cette famille voulait que le trône appartint à la princesse Caroline grande-duchesse de Berg, en qualité de sœur de l'empe-reur, et que Murat ne fut roi que du chef de sa femme, ainsi que cela fut réglé un an plus tard (11 mars 1809) à l'égard du prince et de la prin-cesse de Piombino, lorsque celle - ci fut déclarée grande-duchesse de la Toscane. Au reste il est juste de dire, et ce fait honore le caractère de la princesse Caroline, que lorsque cette proposition, qui avait été énergiquement rejetée par le grand-duc de Berg, fut faite à elle-même, elle se montra assez jalouse de la considération et de la gloire de son époux, pour la repousser comme une injure personnelle. Le nouveau roi de Naples était encore très-affaibli des suites d'une forte maladie, lorsqu'il se rendit de Bayonne à Paris à petites journées. La reine alla au-devant de lui jusqu'à Tours. Il passa en France le temps nécessaire pour affermir sa convalescence, et partit de Paris dans les premiers jours de septembre 1808, avec le ministre de Gallo, son ministre des affaires étrangères, pour prendre possession de ses états. Le 15 septembre, à quatre heures après midi, il arriva à Portella première ville frontière du royaume de Naples du côté des états romains. Le 16, à cinq heures du matin, il s'embarqua dans un canot, escorté de la division des chaloupes canonnières, et entra dans le port de Gaeta, au bruit de l'artillerie de la rade et des forts; à Capoue les magistrats lui présentèrent les clefs de la ville. Arrivé à Aversa, il y trouva les ambassadeurs de France et de Hollande; les ministres du cabinet, les grands officiers de la couronne et la plus grande partie de la noblesse, dont plusieurs familles lui temoignèrent une affection et un dévouement qui ne se sont pas démentis. Le peuple de Naples l'accueillit avec les démonstrations d'une ivresse dont il fut prodigue dans tous les temps. Dès le lendemain de son arrivée dans la capitale de ses états, le roi Joachim rendit un décret, qui avait pour but, de mettre un terme aux arrestations arbitraires. Le 19 septembre, il reçut le serment de ses ministres et des membres de son conseil-d'état ; le 25 du même mois, il alla au-devant de la reine Caroline, qui reçut un accueil semblable à celui de son époux. Après quelques jours de travaux et de conférences avec les chefs de diverses branches d'administration, le premier soin du nouveau roi fut d'éloigner de son territoire les Anglais qui occupaient l'île de Capri (l'ancienne Caprée) et qui, maîtres de cette île depuis trois ans, étaient fermement résolus à la conserver, et n'avaient rien négligé pour en faire un poste formidable ; artillerie, batterie de terre et de mer, tout y avait été construit ou porté à grands frais ; ils croyaient cette position tellement inexpugnable, qu'ils l'avaient surnommée le petit Gibraltar ; mais la politique du roi qui s'indignait de voir des fenêtres de son palais, un poste aussi important occupé par une nation qu'il regardait comme son plus redoutable ennemi, l'intérêt de son commerce maritime et la gloire du nouveau règne, lui paraissaient exiger impérieusement que cette île fût rendue à ses premiers maîtres; en conséquence, le 4 octobre à trois heures après minuit, soixante bâtimens de transport, ayant à bord quinze cents hommes choisis parmi les carabiniers et grenadiers des armées napolitaines et françaises et dans la garde royale, sortirent de Naples, sous les ordres du général La marque et furent joints en mer par un renfort de quatre cents hommes venant de Salerne. Forcée à capituler, la faible garnison anglaise, sous les ordres de Hudson – Lowe fut faite prisonnière de guerre, et transportée en Angleterre, après avoir promis de ne plus porter les armes, soit contre Bonaparte et ses alliés, soit contre le roi Joachim, qu'après avoir été échangée. Un succès aussi important, obtenu sous les yeux de sa capitale, ajouta singulièrement à l'opinion que les Napolitains avaient conçue de l'énergie, du courage et du bonheur de leur nouveau monarque; mais en gagnant par-là en considération il tâcha de s'acquérir leur affection par des manières aimables et douces, et par de la popularité. Il trouva presque toutes les institutions françaises établies à Naples par le roi Joseph; mais le règne de ce prince n'avait pas duré assez long-temps pour les consolider. Ainsi quoique toutes les institutions de Bonaparte fussent peu adoptables aux autres pays, Murat ne connaissant qu'elles, les crut bonnes, et il s'efforça de les affermir. Il s'occupa aussi de créer une armée nationale, et fit adopter dans son conseil-d'état une loi de conscription moins sévère que celle de France, et où les exemptions étaient nombreuses. Il porta la garde royale à 8,000 hommes et forma plusieurs régimens de cavalerie et d'infanterie ; de sorte qu'en moins de trois ans il eut une armée de 80,000 hommes de toutes armes, dont 10,000 de cavalerie, remarquable par la plus belle tenue, et manœuvrant comme les troupes les mieux exercées. Il y avait admis, au détriment des nationaux, plus de 2,000 officiers français, qui contribuèrent beaucoup à avancer en peu de temps les progrès de l'instruction. Il remplaça la cocarde et le drapeau français par une cocarde et un drapeau napolitains de couleur blanche et amaranthe. La fonderie de canons établie dans l'arsenal de Naples sous Ferdinand IV, par les soins et les talens distingués du général Pommereuil, reçut de grands accroissemens. Le matériel et le personnel de l'artillerie ne laissaient plus rien à désirer. Il fonda une école polytechnique et une école de marine. Enfin il fut permis à Joachim de se considérer comme une puissance. Une seule chose paraissait lui manquer encore ; c'était l'indépendance. Il obtint enfin, mais non sans de grandes difficultés, que le corps d'armée français fort de 10,000 hommes et commandé par le général Grenier évacuerait son territoire. Ce ne fut néanmoins qu'en 1811 que cette évacuation, long-tems différée sous divers prétextes, s'effectua enfin.

Dès les premiers jours de juin 1809, à l'époque même où la France était engagée dans une nouvelle guerre avec l'Autriche, une flotte anglo-sicilienne, forte d'environ 9 à 10,000 hommes de troupes, parcourut les côtes de la Calabre, opéra même, sur quelques points de la côte qu'elle menaçait successivement, de petits débarquemens partiels qui ne produisirent aucun résultat, parce que la population désirait bien, mais n'osait encore se déterminer à des mouvemens insurrectionnels. La flotte fit quelques tentatives infructueuses pour reprendre l'île de Capri. Enfin le 25 juin, une expédition qui tenait au vaste plan de la coalition européenne et qui agissait simultanément avec l'Autriche, jeta un corps de troupes dans les îles d'Ischia et de Procida à quelques milles de Naples, de l'autre côté du cap de Misènes et s'en empara, ces îles n'étant gardées que par deux ou trois cents vétérans ou soldats de dépôt de Naples, commandés par le général Colona. Cependant les Anglais et les Siciliens abandonnèrent peu après ces îles, à la nouvelle des victoires remportées en Allemagne par Bonaparte. Affranchi par ce dangereux voisinage, Murat résolut de diriger une attaque contre la Sicile ; il réunit en Calabre environ 20,000 hommes, et tous les moyens de transports nécessaires pour passer le détroit, quoique du moment où cette entreprise avait été conçue, Bonaparte l'eût hautement improuvée. Le roi n'en poursuivit pas moins l'exécution, mais l'aile gauche de l'armée, sous les ordres du général Cavaignac, fut la seule qui exécuta le débarquement. On a pu soupçonner, mais on n'a jamais connu les véritables motifs, qui décidèrent le roi à ne pas faire débarquer le reste de ses troupes, et à donner au général Cavaignac l'ordre de la retraite; cette entreprise en resta là. Lorsque Bonaparte épousa l'archiduchesse Marie-Louise, Murat et la reine Caroline se rendirent à Paris pour assister au mariage et aux fêtes, et repartirent pour leurs états quand elles furent terminées. Nous ne croyons pas devoir omettre ici une circonstance qui, en faisant connaître l'aigreur qui commençait à se glisser vers 1811, dans les relations de la France et de la Russie, et présageait les événemens les plus décisifs, ne servira pas moins à donner une juste idée de la présence d'esprit de Joachim Murat dans certaines occasions; c'était le 15 août, jour anniversaire de la naissance de Bonaparte. Il y avait grand cercle à la cour, monsieur le prince Dolgoroucki, ambassadeur de Russie et monsieur Durand, ministre de France, venaient faire leur cour au roi, avec le corps diplomatique. Depuis quelque temps des rivalités de préséance existaient entre ces ministres des deux cours, M^r. Durand réclamait le pas comme envoyé de la famille ; le prince Dolgoroucki en qualité d'ambassadeur. Tous deux se présentèrent au même moment à la porte d'entrée de la salle du trône, M^r. Durand coudoya fortement l'ambassadeur russe pour prendre le pas sur lui. Le prince Dolgoroucki porta à l'instant la main sur la garde de son épée et devança le ministre français. Le roi qui était témoin de cette scène leur dit avec une gravité sévère lorsqu'ils s'approchèrent de lui ; « je ne puis attribuer, messieurs, « ce qui vient de se passer sous mes yeux, qu'à l'em- « pressement que vous aviez de me voir. » Lorsque dans le mois de mars et d'avril 1812, la guerre fut résolue contre la Russie, le roi de Naples fournit à l'armée française un contingent de 12,000 hommes avec une partie de sa garde, et se mit bientôt lui-même en route pour se rendre au quartier-général de l'empereur. Le 23 juin 1812, il porta le sien à deux lieux du Niemen, il partit le même jour pour Polotsk, arriva le 24 au soir à Bechenkovitsch, et marcha d'après les instructions qui lui furent remises dans la nuit du 25, pour rejoindre le premier corps de cavalerie et appuyer avec lui sur Witepsk, où le vive-roi devait le soutenir. Le général russe Osterman-Tolstoy arrivé de cette ville, le matin, avec tout son corps, avait pris position à quelques cents toises de ses murs, et

engagea l'affaire. A la suite de plusieurs manœuvres, soutenues de charges brillantes, et dans lesquelles Murat leur tua beaucoup de monde, leur
fit 7 à 800 prisonniers et leur prit huit pièces de
canon, le général Ostermann rappela ses bataillons
au centre pour protéger sa retraite, qui s'effectua
à l'instant. Cette affaire, nommée combat d'Os-
trowno, fut suivie d'un nouvel engagement à deux
lieues de la même ville, dans lequel Murat fut cul-
buté et eut été complétement battu, si le prince
Eugène et le général Delzons ne fussent promptement accourus et n'eussent attaqué l'ennemi
pendant que Murat ralliait sa cavalerie. Revenu à
la charge avec des corps polonais contre une colonne d'infanterie russe, il la dispersa, la tailla en
pièces et la poursuivit vigoureusement jusqu'à une
lieue et demie de Witespsk. Dans la nuit du 6 au
7 septembre 1812, l'empereur l'informa des dispositions générales de la bataille qui fut livrée le
lendemain sur les bords de la Moskowa, et ce fut
le roi de Naples qui en ordonna l'exécution. On
sait quelle part il prit à cette grande bataille, à la
suite de laquelle les Français entrèrent dans Moscou.
Le 9 octobre, il commandait sur la Nara, à vingt
lieues au-delà de Moscou, l'avant garde de l'armée
française, et perdit dans une affaire une partie de
sa cavalerie qui fut prise ou taillée en pièce. Lors
de la désastreuse retraite qui termina la campagne,

il fut chargé du commandement en chef de cette garde, à qui l'on donnait le nom d'Escadron - Sacré (connu par ce fameux et ridicule 29me bulletin français) et au milieu de laquelle se plaça Bonaparte jusqu'au moment où abandonnant son armée, comme il l'avait fait en Egypte, et comme il le fit encore plus tard à Waterloo, il se hâta de gagner Paris. Pendant le cours de cette campagne, Bonaparte avait constamment donné au roi de Naples, les plus éclatans témoignages de sa satisfaction. On lit même dans un des bulletins de cette époque qu'une attaque imprévue et formidable ayant été faite par les Russes, contre un des corps d'armée, Bonaparte avait dit, « quelle que fût la vivacité de l'attaque, j'étais tranquille : le roi de Naples était là. » Bonaparte, en quittant Wilna, avait remis entre les mains de Joachim, les débris de cette armée, naguère si grande et si puissante, maintenant dispersée, manquant de tout, et continuellement harcelée dans sa marche. Cependant l'instant était arrivé de songer à ses intérêts personnels, et à celui de ses états, prévoyant les grands changemens que les malheurs que les Français avaient éprouvés dans cette campagne, allaient apporter dans tout le système européen, il résolut de retourner à Naples, pour y être à portée d'y ouvrir des négociations avec l'Autriche et l'Angleterre, dans le cas où la suite des événemens rendrait cette mesure nécessaire.

Il partit donc pour Naples, après avoir remis au vice-roi le commandement de l'armée. A son passage à Milan, il annonça hautement ses nouveaux projets qu'il avait déjà laissé pénétrer avant son départ de l'armée et dont la connaissance amena l'ordre du jour de Bonaparte dont nous aurons bientôt occasion de parler. Arrivé dans ses états, il fit son entrée à Naples, accompagné de la reine, qui avait été au-devant de lui ; malgré les désastres de la campagne, il fut bien accueilli dans sa capitale. Il fut aisé aux personnes qui vivaient dans son intimité de s'apercevoir qu'un changement sensible s'était opéré dans ses vues ; mais ce changement éclata surtout au moment où le roi lut dans le Moniteur, l'ordre du jour par lequel Bonaparte remettant le commandement de l'armée entre les mains d'Eugène Beauharnais, s'exprimait dans ces termes : « l'empereur a chargé le vice-roi du commandement de l'armée, ce prince ayant plus d'habitude et de connaissance d'une grande administration que le roi de Naples. » A cette lecture le mécontentement du roi ne garda plus de mesure. Les politiques de salon se perdirent en conjectures ; mais ceux qui étaient mieux informés, n'hésitèrent pas à attribuer la disgrace de Murat à quelques mots imprudens, et peut-être à certaines confidences indiscrètes qui lui étaient échappées sur ses projets ultérieurs avant de quitter l'armée ; confidences

qui avaient été promptement rapportées à Bonaparte et auquel le brusque départ de Murat donnait
alors beaucoup d'importance. Dès ce moment quelques cabinets entrevirent la possibilité de tirer parti, dans l'intérêt de la coalition, de son ressentiment, et entrèrent avec succès en négociations avec
lui, pour le détacher de l'alliance française. Murat
écouta les propositions qui lui furent faites et des
négociations étaient entamées, lorsque Bonaparte
à la tête d'une nouvelle armée aussi redoutable par
le nombre que par l'esprit dont elle était animée,
reparut dans les plaines de la Saxe. Murat refusait
de s'y rendre et tout annonce, que dès lors, il avait
pris, avec les alliés, des engagemens dont il ne
croyait pas pouvoir s'affranchir; lorsque pour décider son départ, Berthier prince de Neufchatel, lui
adressa une lettre affectueuse dans laquelle au nom
de Bonaparte, il l'engageait à se rendre au quartier-
général, l'assurant d'ailleurs « que peut-être la
» campagne ne s'ouvrirait pas; qu'on traitait de la
» paix, et que pouvant être conclue d'un moment
» à l'autre, il était d'un grand intérêt pour lui d'as
» sister aux négociations, pour y stipuler de ses in
» térêts. » Déterminé par ces motifs, il partit; mais
dans cet intervalle la guerre s'étant rallumée avec
plus de fureur, Joachim n'écouta plus que la voix
de son ancienne patrie; il parut dès-lors avoir oublié tous les torts de Bonaparte, ou ne vouloir s'en

souvenir que pour lui rendre de nouveaux services dans le cours de cette sanglante campagne. Tout changea de face après la défaite de Leipzig (16, 18 et 19 octobre 1813). Il revint en Italie presque seul; acheta à Milan une mauvaise voiture de poste, qui le conduisit jusqu'à Naples. Il songea dès-lors à renoure avec l'Autriche et l'Angleterre les négociations interrompues à son départ pour l'armée, afin d'éviter, s'il était encore possible, d'être entraîné dans la chute prochaine de Napoléon, qu'il savait d'ailleurs n'être pas éloigné d'offrir à ses ennemis, la couronne de son beau-frère, dans le cas ou son ambition ou sa sûreté y eussent trouvé quelqu'avantage. Quoi qu'il en soit nous avons la certitude que tandis que les armées françaises repoussées sur le Rhin, repassaient ce fleuve, Murat partagé entre d'anciens souvenirs et de nouveaux devoirs, adressa à Bonaparte plusieurs lettres dans lesquelles il le conjurait de lui confier la défense de l'Italie, lui faisant observer « combien il lui serait difficile de » s'entendre avec le vice-roi, dont les vues et les in- » térêts particuliers étaient en position directe avec » les siens. » Bonaparte, qui n'avait de confiance ni dans l'un ni dans l'autre de ces deux princes, mais à qui les négociations du roi, son caractère plus entreprenant que celui du prince Eugène, et ses intelligences dans toute l'Italie inspiraient des craintes plus immédiates, ne fit aucune réponse à ses lettres, et nia même plus tard les avoir reçues. Ce silence en ajoutant une nouvelle aigreur aux anciens ressentimens de Joachim qui, placé entre l'Autriche et l'Angleterre, et pressé par elles de se déclarer, voyait ses embarras s'accroître chaque jour, décida enfin sa résolution et l'attacha à la coalition.

Ce fut le 11 janvier 1814, que Murat conclut avec la cour de Vienne, un traité d'alliance défensive et offensive par l'intermédiaire du lieutenant-général comte de Neipperg, envoyé à Naples, à cet effet, traité auquel l'Angleterre accéda (d'après la déclaration faite à Châtillon aux plénipotentiaires français par les ministres des quatre grandes puissances) et par lequel l'intégrité des états du roi de Naples était garantie à ce prince, plus les marches et la ville d'Ancône, à la charge par lui de fournir aux alliés, un corps de 30,000 hommes. Quoique ce traité n'eut pas encore été solennellement ratifié par l'Autriche, cependant l'empereur François avait donné par écrit l'assurance de sa ratification, et ce fut sur cette assurance seule, mais positive, et sur la déclaration formelle du plénipotentiaire autrichien, « que l'An-
» gleterre était prête à accéder au traité qui venait
» d'être conclu et que lord Aberdeen était revêtu des
» pleins pouvoirs à ce sujet » (déclaration confirmée

par la production d'une lettre du ministre anglais dans laquelle il était enjoint à lors Bentinck de conclure sans perdre de temps une convention préliminaire avec Murat, pour mettre fin aux hostilités des deux parts,) que ce prince mit son armée en mouvement sans attendre la ratification de son traité avec l'Autriche. Le 16 janvier, il annonça par une proclamation qu'il venait de joindre ses armes à celles des alliés et qu'il allait se mettre en possession de toute l'Italie méridionale, située sur la rive droite du Pô, pour la restituer à qui de droit, lors de la paix générale ; en conséquence de cette proclamation, il s'avança de sa personne jusqu'à Bologne, à la tête de l'armée napolitaine, et eut sous les murs de Reggio un premier engagement avec un détachement de l'armée française. Toute la conduite de Murat répondit à ses premières démonstrations ; il accueillit avec empressement, tous ceux qui à diverses époques, s'étaient déclarés contre Bonaparte, et avaient été persécutés par lui, mais par l'attachement qu'il conservait encore pour ses compatriotes, il ne cessa de se montrer favorables aux individus français, lors même qu'il combattait pour soustraire l'Italie à la dépendance de Bonaparte. Cependant le ministre britannique à qui Murat avait déclaré que sa parole relativement à son accession au traité du 11 janvier 1814 suffirait à sa sécurité, crut devoir lui donner

une garantie nouvelle de la loyauté de ses inten-
tions, et l'ord Bentinck reçut l'ordre de se rendre
au quartier-général de Murat pour lui déclarer,
« que son gouvernement adhérait sans restriction
« au traité conclu, le 11 janvier, entre S. M. l'em-
« pereur d'Autriche et S. M. le roi de Naples, et qu'il
« consentait aux avantages stipulés en faveur du
« roi, sous les conditions demandées par l'Autriche
« d'une coopération active et prompte de l'armée
« napolitaine avec les troupes alliées. » Une lettre
de lord Castelreagh à lord Bentinck vint confirmer
toutes ces assurances, et ce général en donna connaissance au roi, par une note officielle, en date
de Bologne, 1er avril 1814; note dans laquelle lord
Bentinck rappelant les propres expressions de la
lettre de lord Castlereagh, mandait à Murat, « que
» ce n'était que par un motif de délicatesse envers
» le roi de Sicile que le gouvernement anglais re-
» tardait *pour un moment* la conclusion d'un traité
» particulier et spécial d'alliance avec le roi de Na-
» ples; le gouvernement anglais désirant qu'un
» traité d'indemnité pour le roi de Sicile, qui ne
» pouvait pas encore être conclu, pût aller de paire
» avec celui du roi Joachim : » cependant l'incerti-
tude de la conduite de Murat, et les agitations de son
ame constamment déchirée par le regret de faire
la guerre à sa première patrie; ses égards et sa gé-
néreuse conduite envers les prisonniers français,

en un mot cette foule de sentimens contradictoires
auxquels il cédait alternativement et qu'on ne saurait excuser sous le rapport politique, quelque naturelle qu'en soit la cause, devaient donner de l'om-
brage aux cabinets de Londres et de Vienne, et
faire naître des doutes sur sa bonne foi. Mais deux
mots expliqueront toute la conduite de Murat dans
cette campagne : il ne voulait aider la coalition, ni
à conquérir la France, ni à détrôner son beau-frère,
mais il voulait conserver sa couronne alors mena-
cée par Bonaparte, ainsi que nous l'avons dit plus
haut; et pour cela il était indispensable de com-
mencer à soustraire l'Italie à l'influence française.
Rentré dans ses états après la campagne de 1814,
Murat envisageait sa situation comme précaire.
Dans une lettre qu'il reçut de Vienne, on lui mandait; «que le plénipotentiaire de S. M. le roi de
» France, Talleyrand, faisait tous ses efforts auprès
» du congrès de Vienne pour le renverser du trône,
» que ses efforts étaient déjà couronnés d'un demi-
» succès; que les ministres anglais avaient fait l'offre
» de payer les frais d'une expédition que l'Autriche
» ne se refusait d'entreprendre que faute de fonds,
» et de fournir la flotte qui devait agir de concert
» avec les forces de cette dernière puissance. » Les
ministres de Murat au congrès de Vienne (duc
de Campo - Chiario, prince Cariate et le général
Ambrosio) et son ministre à Londres lui adres-

sèrent en même temps l'avis réitéré de se tenir sur
la défensive, quoique dans une attitude menaçante
sans sortir de ses frontières. L'opinion de ses ministres était en cela parfaitement conforme à celle
de la reine, dont Murat a eu bien à se repentir
de n'avoir dans ces graves circonstances, pas plus
souvent écouté les avis. Dans les mois de novembre et décembre 1814, on découvrit à Milan un
projet de conspiration, tendant à enlever l'Italie à
l'Autriche ; le bruit se répandit alors généralement
dans toute l'Italie (soit que ce fait ait été vrai,
soit qu'il n'ait été que débité par ses ennemis) que
c'était Murat lui-même, qui avait adressé à l'empereur d'Autriche la liste des conjurés. Lorsque
Murat fut informé que ces bruits circulaient, il
fit partir aussitôt pour la haute Italie, divers agens
chargés de détruire les funestes effets qui devaient
en résulter pour lui. Toutefois de plus grands
dangers menaçaient Murat, et ces dangers n'étaient
pas dans les cabinets étrangers, ils étaient dans
l'instabilité de ses résolutions. Doué d'un cœur
franc et généreux, son esprit avait une pénétra-
tion naturelle qui ne devait rien à la culture ; mais
la fermeté de son ame dans les transactions ordinaires de la politique, était loin de répondre à la
force de son courage sur le champ de bataille. Quoique l'âge et l'expérience des affaires eussent déve-
loppé les dispositions qu'il avait reçues de la nature,

il ne put jamais triompher de l'impétueuse franchise de son caractère, alors même qu'il reconnaissait à tout instant, combien dans les circonstances difficiles où il se trouvait, cette franchise pouvait lui devenir funeste, en présence d'une diplomatie observatrice, qui épiait et recueillait avec un soin minutieux, ses discours et ses pensées. Sans doute sa raison s'était éclairée, ses vues s'étaient agrandies, son jugement s'était formé, mais le naturel qui se modifie quelquefois et ne change jamais, était resté le même. De-là ses imprudens éclats et ses menaces plus imprudentes encore contre l'Autriche, au milieu même de sa cour, et lorsque son existence tout entière était entre ses mains.

Nous terminons ici cette notice historique sur Murat, ayant déjà fait mention dans la première partie de cet ouvrage, de la conduite qu'il tint depuis cette époque et des particularités qui amenèrent et accompagnèrent sa mort.

TROISIÈME PARTIE.

DESCRIPTION DU THÉATRE DE LA GUERRE.

Description des routes que les différens corps d'armée autrichiens et napolitains ont eu à parcourir, et de ce que cette contrée, située entre Modène et Naples, offre de plus remarquable sous le rapport de l'histoire naturelle, des beaux-arts et de l'antiquité.

INTRODUCTION.

Les crêtes principales des montagnes dessinent la figure du terrain et le cours des rivières, et par conséquent aussi la direction des grandes communications, celle des lignes d'opérations, et les points stratégiques géographiques*. Ainsi, la connaissance

---

*La stratégie est la science de la guerre : elle esquisse les plans, elle embrasse et détermine la marche des entreprises militaires ; elle est, à proprement parler, la science des généraux en chef. La tactique est l'art de la guerre : elle enseigne le mode d'après lequel les grands projets doivent être mis à exécution. Cet art est indispensable à tout chef

de la configuration du terrain doit être l'objet le plus important des différens rapports sous lesquels on considère stratégiquement un pays. Mais comme il n'entre point dans mon plan de donner sous ce rapport là une description détaillée du théâtre de la guerre, pour faire ensuite sur cette étendue de pays l'application des principes de la stratégie et puis passer à un examen critique des opérations de la campagne des Autrichiens contre Murat, et que je suis loin de vouloir m'occuper ici d'un traité scientifique, je crois devoir prévenir le lecteur que je n'ai d'autre but que de donner : 1º une idée générale du pays et des ressources qu'il peut offrir à une armée, 2º d'indiquer ses principales communications, et 3º de retracer à la mémoire ce que les sites que l'on parcourt, en suivant dans la relation de la campagne contre Murat les mouvemens des différens corps, m'ont paru offrir de plus remarquable sous le rapport de l'histoire naturelle, des beaux-arts et de l'antiquité.

de corps. La stratégie est donc la science qui dirige les masses sur les points décisifs, qui sont, ou des points stratégiques géographiques et permanens, ou quelquefois aussi des points stratégiques de grandes manœuvres déterminés par la position respective de la grande masse des forces des deux puissances belligérantes. La tactique est l'art qui détermine l'ordre de la marche des masses, pendant qu'elles se dirigent sur les points décisifs, et celui qui fixe le mode de les y engager.

Les Apennins qui sont une continuation des Alpes
[d]ivisent, comme on sait, l'Italie dans toute sa lon-
[g]ueur. Ils se détachent des Alpes maritimes à Or-
[m]éa en commençant au mont Appio et s'étendent
[s]ans interruption le long du golfe de Gênes, ne
[l]aissant entre eux et la mer qu'une très – petite
[d]istance nommée le passage de la Corniche ; puis
[s]e dirigeant, au sud du territoire de Modène, vers
[l]e centre de l'Italie, ils séparent la Toscane de la
[v]aste plaine arrosée par le Pô ; enfin, se portant
[a]u sud-est et se rapprochant de plus en plus de
[l]a mer Adriatique, le fameux mont Gargano leur
[s]ert comme de chevet, et les Apennins vont ensuite
[a]boutir en deux branches aux confins méridionaux
[d]e l'Italie à Reggio et à Otrante. Les plus hauts
[s]ommets de cette chaîne de montagnes sont les
[m]onts Giógo, Cimon, Penino, Sybilla, Velino,
[S]t. Francesco il Gransasso d'Italia, Monte Alto et
[G]argano. Les pieds qui se détachent de cette
[g]rande et longue chaîne de montagnes, et déter-
[m]inent le versant des eaux dans les grands bassins
[d]e la mer Adriatique et de la mer Méditerranée
[s]'indiquent et ressortent au premier coup-d'œil
[j]eté sur la carte, tant par le cours du Panaro, du
[R]eno, de l'Arno, de la Pescara, du Tronto, de la
[C]hiento, de la Potenza, du Tibre, du Volturne,
[e]t des autres rivières moins considérables, que par
[l]eurs affluens, qui sortent du sein de ces mon-

les Apen-
nins.
(voyez
la carte
n°1.)

tagnes. L'aspect confus et irrégulier des Apennins est un indice certain des grandes révolutions de la nature, qui se sont opérées en Italie par le moyen des volcans, des tremblemens de terre et des inondations. La scène instructive et imposante que ces montagnes présentent est quelquefois interrompue par d'affreux éboulemens ou par les rapides explosions de ces abîmes enflammés qui répandent la stupeur, et détruisent en quelques instans des contrées et des générations entières.

Les Apennins renferment des carrières de divers marbres, du granit de plusieurs espèces, des veines métalliques, du talc, de l'albâtre, de l'agate, du jaspe, des crysolites et autres pierres dures.

Lacs. Les lacs de Trasimène, de Bolsano, de Rieti, de Celano et de Verano font l'ornement de cette partie de la péninsule, et sont tous très-poissonneux.

Grandes routes. Deux grandes routes suivent l'une en deçà, l'autre au delà, la direction des Apennins. (A) Celle au nord longe d'abord la plaine située entre le Pô et les montagnes, en passant par Turin, Alexandrie, Plaisance, Parme, Modène, Bologne et Rimini; puis suit les côtes de la mer Adriatique jusqu'à l'embouchure du Tronto, en passant par Fano, Ancône, Lorette et Fermo. La continuation de cette route depuis le Tronto jusqu'à Pescara ne présente plus qu'un mauvais chemin qui continue de suivre le rivage de la mer. Cette route est jusqu'à Bologne l'ancienne Voie Flaminienne et delà la Voie Émilienne.

(B) Celle au midi, venant d'Antibes et passant par Gênes et Sarsano, est resserrée jusqu'à Pise entre la Méditerranée et les Apennins, dont elle se rapproche alors pour atteindre Florence, d'où elle se dirige, en traversant le pays situé entre les montagnes et la Méditerranée, par Sienne, Bolsena, Viterbe, Rome, Velletri, Terracine et Capoue, sur Naples.

(C) Une route secondaire, plus rapprochée de la chaîne principale des Apennins, part de Florence pour aboutir par Arezzo et Perugia à Foligno.

La communication entre ces deux grandes chaussées est établie par huit routes transversales qui traversent les Apennins, savoir :

N° 1. De Turin à Nice, par Coni et le Col de Tente.

N° 2. D'Alexandrie et Tortone à Gênes, par la Bochetta.

N° 3. De Parme à Sarzana, par Bercotto et la Nunziata.

N° 4. De Modène à Pistoie, point d'embranchement des routes de Florence et de Pise.

N° 5. De Bologne à Florence, par Monté-Carelli et Caffaggiola.

N° 6. De Fano à Foligno, par Fossambrone et le Furlo.

N° 7. De Lorette à Foligno, par Macerata et Tolentino où ces deux routes, n'en formant plus qu'une continuent de Foligno à Rome, par Spolette.

N° 8. De Pescara à Naples, par Popoli, Castel-di-Sangro et Capoue.

CHAPITRE PREMIER.

(A*) ROUTE DE MODÉNE PAR RIMINI, ANCONE ET LORETTE, A PESCARA.

PREMIÈRE SECTION.

Route de Modène à Ancône et Lorette, suivie par le corps du général Neipperg et l'armée napolitaine sous les ordres immédiats de Murat.

§ Ier.

DESCRIPTION DE MODÉNE.

MODÈNE est une ville de 22,000 habitans, située dans une plaine agréable, entre la Secchia et le Panaro. Cette ville est très-ancienne : elle était une des plus belles colonies des Romains lorsqu'après la mort de César, elle fut assiégée par Antoine. Brutus la défendit jusqu'à la dernière extrémité.

* Les lettres et les numéros placés à côté de l'indication des routes se rapportent à la subdivision établie dans l'introduction.

Dévastée lors de l'invasion des Goths et des Lombards en Italie, elle se rétablit sous Pépin, fils de Charlemagne. Depuis lors, elle fut successivement soumise aux empereurs, aux papes, à la république de Venise; aux ducs de Milan, de Mantoue, de Ferrare, et à quelques autres princes particuliers. Enfin elle fut déchirée par les factions, et dans le 10e siècle elle était presque déserte : voilà pourquoi elle ne présente aucuns vestiges d'antiquité.

La ville de Modène est très-bien bâtie : des portiques, qui règnent le long des rues, mettent les piétons à l'abri du soleil et de la pluie; la grande rue, *Strada maestra*, est décorée de beaux édifices.

Le palais ducal, d'une architecture à-la-fois élégante et majestueuse, est d'autant plus remarquable qu'il est isolé, situé sur une grande place; et dans le quartier le plus orné et le plus fréquenté de la ville. La cour est vaste et environnée de colonnades, qui produisent un grand effet. L'escalier, le salon principal, les appartemens, un cabinet revêtu de glaces et de dorures, tout annonce la magnificence et répond à l'idée que l'extérieur a pu donner des décorations du dedans. Ce palais renfermait jadis des richesses d'un autre genre; c'était une prodigieuse quantité de tableaux des plus grands maîtres de l'art ; mais une partie de ces tableaux fut vendue à Auguste, roi de Pologne et électeur de Saxe, qui fit l'acquisition de cent des meilleurs, entr'autres de la nuit du Corrège au prix de 1,200,000 francs, et le reste a disparu lors des guerres d'Italie.

Quoique la ville de Modène n'ait qu'une population de 22,000 ames, on y compte 51 églises ou chapelles qui n'ont cependant rien de bien remarquable.

La Cathédrale est d'un assez mauvais goût gothique: elle renferme néanmoins un tableau qui mérite d'être vu ; c'est une copie de celui du Guide, représentant le *nunc dimittis*. La tour de cette église, appelée la Guirlandina, est de forme carrée, isolée, toute en marbre, et l'une des plus élevées d'Italie : c'est au bas de cette tour qu'on conserve le vieux seau de bois, qui fut le trophée d'une victoire que les Modénais remportèrent sur les Bolonais, qui a fait le sujet de la *Secchia Rapita*, poëme héroï-comique du célèbre Tassoni.

La bibliothèque contient environ 30,000 volumes, parmi lesquels est une suite d'éditions très-rares. Les manuscrits sont au nombre de quinze cents, j'y ai vu entr'autres ceux de Torquato Tasso.

L'université est assez renommée ; il y a aussi à Modène un collége où on élève la jeune noblesse. Le théâtre est bien décoré ; il ressemble en quelque sorte aux amphithéâtres des anciens. La citadelle ne signifie plus rien et l'on y a établi des manufactures de drap grossier, de toileries, de corderies, où sont employés un nombre considérable de condamnés. La seule promenade de la ville, comme dans presque toute l'Italie est la Strada del Corso, ou le rempart. L'hôpital des enfans trouvés et celui des malades sont deux édifices modernes et assez beaux.

Le canal artificiel qui de Modène va au Panaro et de cette rivière au Pô, établissant une communication avec la mer Adriatique, est très-avantageux à cette ville qui, à cause de sa locatité, est devenue une place d'entrepôt des plus importantes.

Sous le sol de Modène est un bassin souterrain rempli d'une eau aussi saine que pure et qui est la source des puits qu'on trouve en très-grand nombre dans la ville et dans les environs ; ces puits n'éprouvent aucune diminution, pas même dans les plus grandes sécheresses. Le reservoir de l'eau est à plus de 110 pieds sous terre.

Modène a produit un nombre considérable de

grands hommes, soit dans les sciences, soit dans les arts; tels sont : le Corrége, né à Corregio dans le Modénois; Vignole, un des plus anciens architectes et un des meilleurs écrivains sur l'architecture; Fallope, célèbre médecin; Alexandre Rassoni, dont nous avons déjà parlé au sujet du poëme de la Secchia Rapita; Muratori, l'écrivain le plus fécond et le plus savant qu'il y ait eu depuis long-temps en Italie; l'abbé Lazarro Spallanzani, célèbre physicien et naturaliste.

On dit que les habitans de Modène sont très-gais et même un peu pantomimes, qu'ils aiment beaucoup le plaisir et qu'ils sont bons maris quoique leurs femmes passent pour être assez coquettes.

Nous n'avons garde d'adopter, comme des vérités reconnues, ces sortes de jugement, qui ne sont pour l'ordinaire que des portraits d'imagination, que chacun répète de confiance, et qui ont leur source ou dans le défaut d'observation, ou dans la mauvaise humeur d'un voyageur, qui ne fait que passer : si les Modénois sont gais, c'est une preuve qu'ils sont heureux; car l'enjouement est le signe caractéristique du bonheur. D'un autre côté, une sensibilité délicate qui est presque toujours l'effet de l'influence du climat, doit nécessairement porter l'homme au plaisir; l'automate ne le connaît pas, il n'y a que l'homme sensible, qui est fait pour le goûter. Enfin, Rousseau a dit : la bergère un peu coquette rend le berger plus constant. Il ne faut donc pas s'étonner si les Modénoises font usage d'une recette qui prolonge un empire, que la beauté n'assure pas toujours.

'A Modène les personnes d'un certain rang s'habillent comme en France; les bourgeoises portent le zendado, espèce de voile, qu'elles laissent flotter et quelquefois entr'ouvert, de manière qu'on puisse voir une partie de leur physionomie. Les paysannes ont sur leur tête des mouchoirs de mousseline.

§ II.

ROUTE DE MODÈNE A BOLOGNE.

De Modène à Bologne, il y a 8 lieues; ce trajet se fait sur l'ancienne Via Emilia dans une plaine très-fertile, arrosée de beaucoup de rivières et de canaux, que l'on passe sur des ponts de pierres; en sortant de Modène, on passe d'abord le Garsana, puis le Panaro, sur lequel conduit un beau pont de pierre nouvellement construit, terminé sur la rive droite par deux tours carrées. (Les Napolitains forcèrent le passage de ce pont le 4 avril.) A deux lieues et demie plus au sud est situé, sur le Panaro,

Spilemberto, où le général Bianchi surprit et dispersa le camp de l'arrière-garde napolitaine le 14 avril. A une demi lieue plus loin que le Panaro, tout près de Castel-Franco, on voit à deux cents pas, à gauche de la route, le Fort-Urbano, aujourd'hui nommé Forto-Franco, qui est la première place de l'état ecclésiastique; ce n'est qu'un petit fort régulier à la Vauban, formé de 4 bastions avec fossé, demi lune et chemin couvert; j'y ai trouvé les casernes et autres bâtimens qu'il renferme dans le plus mauvais état possible. Un pont de bois placé dans la courtine de l'est vers Castel-Franco, en forme l'entrée; ce fort domine la chaussée et toute la plaine adjacente et peut-être considéré comme un réduit de la position défensive, qu'on peut prendre avec avantage sur la rive droite du Panaro, en utilisant le canal de Novantolo, pour assurer le flanc droit par des inondations. En général, il est à remarquer que toutes les rivières situées entre Plaisance et Bologne sont beaucoup plus favorables à la défense sur leur rive droite que sur leur rive gauche.

A une lieue et demie plus loin, on passe le village et la rivière de Sammogia, puis le Lavino et enfin le Reno qui est très-large et dangereux.

En parcourant cette route, on voit une presqu'île formée par le confluent du Lavino et de la Ghironda à l'endroit nommé Forcelli, et qu'on laisse à une lieue et demie sur la gauche. C'est dans cette presqu'île que fut formé le triumvirat d'Octave avec Marc-Antoine et Lepide. C'est-là qu'ils sacrifièrent réciproquement tout ce qui nuisait à chacun d'eux ; Octave abandonna Cicéron à la vengeance de Marc-Antoine, et Lepide abandonna son propre frère. La proscription fut encore plus horrible que celle de Sylla, et cependant le sénat et le peuple leur décernèrent la couronne civique.

§ III.

DESCRIPTION DE BOLOGNE.

Bologne est situé au pied des Apennins et à une petite distance du Reno, à l'embranchement des chaussées de Florence, d'Ancône, de Mantoue et de Plaisance, et acquiert sous ce rapport une haute importance stratégique. La position militaire à prendre près de Bologne jouit d'une assez grande renommée, cependant j'avoue que je ne sais l'apprécier, et que d'après le court examen que j'en ai pu faire, elle m'a paru offrir de très-grands inconvéniens. La ville n'a qu'une simple muraille de briques, sans fossés ni fortifications, ce fut une des conditions qu'elle exigea en se donnant au pape.

Polipe, Pline, Tite-Live, Strabon, Tacite, Cicéron et Dion-Cassius ont parlé de Bologne et la regardaient comme l'une des plus anciennes et des plus considérables villes d'Italie. J'y ai vu encore quelques restes des bains de Marius, et l'on croit que l'église de St.-Etienne a été un ancien temple d'Isis. Lors de la décadence de l'empire romain et de l'irruption des barbares, Bologne, comme la plupart des autres villes d'Italie, fut saccagée, brûlée et la proie du premier occupant. Dans la suite, tantôt libre, tantôt soumise, elle passa successivement sous la domination d'une foule de seigneurs particuliers, qui la désolèrent. Enfin elle fut le partage des papes, et devint l'une des villes les plus privilégiées de l'état ecclésiastique.

La population de Bologne est de 72,000 habitans; cette ville a une demi lieue de diamètre et est partagée par un canal, qui n'est navigable qu'au dehors; on y entre par douze portes, qui aboutissent à autant de rues très-belles; les maisons sont bâties ou revêtues de pierres de taille avec des portiques à arcades, élevés au-dessus du niveau de la rue, en sorte qu'on peut parcourir toute cette ville à l'abri des injures du temps, à pied sec et sans être incommodé par les voitures. Ces portiques assez généralement usités en Italie, furent imaginés avant l'invention des carosses; maintenant ils sont regardés comme superflus et de mauvais goût, quoiqu'ils offrent une promenade fort agréable au piéton en le mettant à l'abri de l'ardeur du soleil. Dans une petite place, qu'on rencontre vers le milieu de la grande rue, sont deux tours bâties de briques; l'une appelée la tour des assinelli a 307 pieds de hauteur, l'autre qu'on nomme Garisanda en a 144.

Ces deux tours sont construites de façon qu'elles penchent hors de leur aplomb, savoir : la première de 3 pieds et demi et la seconde de 8 pieds 2 pouces.

Une inclinaison si considérable est vraiment effrayante à la vue, et étonne surtout lorsque l'on monte jusqu'au sommet.

Les principaux édifices de Bologne, soit publics, soit particuliers, ont beaucoup de magnificence. Le palais de la seigneurie, Palazzo publico, où sont les différens tribunaux de justice, a son entrée principale sur la grande place; le palais est très-vaste; on voit sur la porte deux statues, l'une de Boniface VII et l'autre de Grégoire XIII; le buste de Benoit XIV, est au-dessus du grand escalier. L'intérieur est orné de divers tableaux, dont les plus estimés sont: un Mercure qui présente à Junon la tête d'Argus; un autre Mercure rendant à Vénus la pomme qu'il avait reçue de Paris, par

Donato Creto ; un Samson foulant aux pieds un Philistin, et se désaltérant de l'eau qui coule de la mâchoire d'âne dont il est armé, par le Guide ; un tableau représentant la Vierge et l'Enfant Jésus sur un arc-en-ciel, et les Bolonais en prières, aussi par le Guide ; St-Jean dans le désert, par Raphaël, et plusieurs peintures à fresque, par les plus grands maîtres.

Vis-à-vis la porte d'entrée de ce même palais, est la fontaine appellée du Géant, décorée par Jean de Bologne et l'une des plus belles d'Italie. On y voit Neptune debout, armé de son trident et dans cette attitude où Virgile exprima si bien sa fierté : *quos ego.* . . . Quatre enfans assis aux encoignures enlacent de leurs bras des dauphins, qui jettent de l'eau ; au bas du piédestal, quatre sirènes couchées sur les dauphins pressent leurs mamelles dont elles font sortir des jets d'eau. Toutes les figures sont en bronze : le Neptune est de taille héroïque ; les sirènes se font remarquer par des airs de tête très-gracieux, par leurs attitudes voluptueuses et par la délicatesse avec laquelle les chairs en sont rendues. Le seul reproche qu'on peut faire à l'ensemble, c'est un peu de confusion, parce qu'il y a trop de sculpture dans un si petit espace.

Bologne est une des villes d'Italie les plus riches

8

en tableaux et en statues. Il y a environ 200 églises, et, parmi ce nombre, il n'en est pas une qui ne possède quelque peinture rare.

Toutes les autres églises de Bologne contiennent une prodigieuse quantité de tableaux et de statues, dont l'énumération passerait les bornes naturelles de cet ouvrage. Ce sont des chefs-d'œuvre d'Augustin, de Louis et d'Annibal Carrache ; du Guide, du Dominiquin, de Michel-Ange, du Guerchin, de Raphaël, de l'Albane et de plusieurs autres grands maîtres : voilà pourquoi on a appelé Bologne le cabinet des peintures d'Italie. Ceux qui désirent des détails plus circonstanciés, à l'égard des tableaux, les trouveront dans l'ouvrage intitulé : Peintures de Bologne, par J.-P. Zanotti.

Il y a à Bologne une université qui a fait époque dans l'histoire du renouvellement des sciences. Fondée en 425 par l'empereur Théodose, la protection de Charlemagne lui donna un nouveau lustre.

Le théâtre de Bologne est vaste et d'une noble architecture. Il y a cinq rangs de loges ; l'avant-scène est décorée de colonnes cannelées d'ordre composite, les bases et les chapiteaux en sont dorés. Le parterre se compose de bancs en amphithéâtre ;

le fond s'ouvre sur un terre-plain qui peut servir à allonger la perspective ou à faire entrer les grandes machines. Les Bolonais aiment beaucoup le spectacle, mais comme dans les autres villes d'Italie ils n'écoutent que des ariettes.

La ville de Bologne a produit un grand nombre d'hommes illustres; tels sont : les papes Honoré II, Léon II, Innocent IX, Grégoire XV, Benoit XIV qui est celui dont elle se glorifie le plus, et près de cent cardinaux. Parmi les savants et les littérateurs on distingue Aldrovando, grand naturaliste; Malpighi, excellent anatomiste et physicien; Scipion Ferraro, qui le premier résolut les équations du 3e degré; Eustache Manfredi, à la fois poète, grand astronome et habile ingénieur : ajoutons quatre femmes savantes, Novella Lignani, Bettizia Gozzadini, Maddalena Bonsignori, et Laura Bassi, épouse de Verani, médecin, laquelle, en 1733, donnait des leçons de physique expérimentale,

Les plus fameux artistes nés à Bologne sont :

1° Les trois Caraches, Louis, Augustin et Annibal; Louis, peintre savant et gracieux : en étudiant les ouvrages des grands maîtres, il s'est fait une manière pleine de force et de noblesse. Il y a des tableaux de sa composition, qui pour la correction du dessin, la beauté du coloris et la vérité de l'expression, vont de pair avec ceux des peintres les plus célèbres. Augustin moins connu que Louis et Annibal avait du génie et du mérite, son dessin était pur; il coloriait bien, mais il a quelquefois manqué de force dans l'expression. Annibal que l'on peut regarder comme supérieur à son frère et à son cousin avait le style noble et sublime, le dessin précis et fier, le coloris souvent admirable; il a fait presque seul la Galerie Farnèse.

2° L'Albane. Il s'est borné aux sujets d'agrément: les élémens; des jeux d'enfants, et autres de cette espèce qu'il plaçait dans des paysages ouverts et qu'il dessinait avec la plus grande vérité. Son coloris est très-gracieux.

3° Le Guide qui a réussi dans tous les genres de la peinture. On distingue trois manières différentes dans cet artiste. La première dont les ombres sont fortement touchées et qui a plus de force que d'agrément, la seconde qui est l'imitation même de la belle nature, et la troisième qui est plus tendre, mais en même temps plus faible.

Le Guide à peint une quantité prodigieuse de tableaux, on en vend beaucoup sous son nom qui sont ou de ses élèves, ou de ses imitateurs.

4.º Le Dominiquin; il a parfaitement entendu la belle ordonnance des tableaux; ses airs de tête ont de la noblesse et de la vérité, souvent une grande vérité d'expression.

5.º Le Guerchin ; son dessin est fier, son expression est noble, mais son coloris inégal : ses tableaux sont fort communs; on en trouve dans toute l'Italie, en France, en Angleterre, en Allemagne. Il est présumable que plusieurs de ces tableaux qu'on présente sous son nom sont de ses élèves ou sortis de l'académie qu'il avait établie dans sa maison à Bologne.

6º. L'Alguardi, habile sculpteur.

Sous le rapport de l'industrie et du commerce, Bologne est encore une des principales ville de l'Italie. Dès 1341, ony avait perfectionné les tours à filer et à organsiner la soie. Deux ouvriers furent punis de mort pour avoir porté ailleurs cette invention. La pierre phosphorique de Bologne est fort connue : ses crêpes, ses fabriques de papier et de cartes à jouer, ses macaronis, savonettes fines, cervelas, mortadelles, fleurs artificielles, liqueurs fines et confitures sont très-estimés.

Le territoire de Bologne abonde en grains, chanvre et soie. Les collines environnantes présentent le plus riant aspect et produisent des fruits de la meilleure qualité ; mais la partie de ce territoire qui s'étend vers le Pô est souvent désolée par le débordement des rivières.

À une lieue de Bologne et sur la montagne de la Guardia est une église dédiée à la Ste Vierge. Je m'y trouvais justement le jour de la Ste Vierge ; l'affluence des pélerins était si prodigieuse qu'il me fut impossible d'examiner l'intérieur de l'église. J'ignore si elle renferme quelques beaux tableaux. On y parvient par un large portique qui commence à la porte de la ville et qui, formé par 690 arceaux, ne forme durant toute cette lieue qu'une immense arcade dont le plafond et les murs ont été décorés autrefois de peintures à fresque, mais dont on ne voit plus aujourd'hui que quelques traces. Parvenu au haut de la montagne, on y jouit de la plus belle vue possible.

Les Bolonais sont d'un caractère franc, libre et enjoué ; bons amis ; mais aussi, dit-on, ennemis irréconciliables, car il a bien fallu les faire figurer dans la liste des sept péchés capitaux que le proverbe italien attribue aux principales villes d'Italie, en plaçant l'orgueil à Gênes, l'avarice à Florence, le libertinage à Venise, la colère à Bologne, la gourmandise à Milan, l'envie à Rome et la paresse à Naples. On pourrait dire avec plus de raison que les Bolonais vivent frugalement et sans faste, en sorte que, s'ils ne possédent pas toutes les vertus, ils n'ont pas du moins les vices que le luxe traîne à sa suite; et ce qu'on ne voit guère que dans les villes où les arts sont cultivés, à Bologue les des-cendans des grands artistes sont aussi pauvres que leurs pères. Les femmes passent pour avoir plus d'agrément que de beauté. Celles du premier rang sont habillées à la française et très-parées. Les bourgeoises portent des vestes boutonnées à peu près dans le goût des habits d'amazone; elles se couvrent d'un zendalo, dont elles se ceignent la taille et qu'elles ajustent de manière qu'on peut encore entrevoir la physionomie: il y en a cepen-dant qui, lorsqu'elles vont dans les rues, laissent par une modestie vraie ou feinte tomber le voile sur leur visage, et alors elles sont tellement déguisées qu'elles pourraient passer à côté de leurs maris sans crainte d'en être reconnues.

§ IV.

ROUTE DE BOLOGNE PAR IMOLA A FAENZA.

La route de Bologne par Faënza jusqu'à Rimini, trajet d'environ 25 lieues, longeant le pied des Apennins, suit l'ancienne Voie Émilienne, qui menait de Rimini à Plaisance.

En quittant Bologne, on passe d'abord sur un pont de pierre le Savenna, puis l'Idice, et ensuite les torrens de Quaderna, du Sillaro et du Corregio, et l'on arrive après avoir fait huit lieues sur cette route droite, unie et commode, qui d'ailleurs n'offre rien d'intéressant, à Imola.

Cette ville, bâtie sur les ruines du Forum Cornelii, est située sur le Santerno, et à l'entrée de l'immense et belle plaine de la Lombardie. Ruinée par Justinien, elle fut rebâtie par les Lombards. Après que ces peuples eurent abandonné l'Italie, elle tomba au pouvoir de différens maîtres, usurpateurs ou conquérans ; le cruel César Borgia y exerça mille horreurs. Enfin Jules II la réunit à l'État-ecclésiastique. Cette petite ville est bien bâtie et a quelques églises qui méritent d'être remarquées. Ses environs couverts de plantations de peupliers offrent un aspect très-riant ; il y a eu une académie, sous le titre des *Industriosi*, qui a produit plusieurs hommes célèbres. D'Imola à Faënza, on compte 4 lieues, et l'on y parvient après avoir passé sur des ponts de pierres le Senio et le Cantrino.

§ V.

FAENZA.

Faënza, l'une des plus belles villes de la Romagne,

èst située sur le Lamone, et a une population de 18,3oo habitans. Cette ville est très-ancienne, Varron, Columelle et Pline vantent beaucoup le vin et le lin que produisait son territoire. Elle avait une route consulaire par où passa Annibal, lorsqu'après avoir traversé la Gaule Cisalpine, il vint en Etrurie. La ville est grande, bien bâtie, quoiqu'en briques et entourée de murailles; elle a la forme d'un carré régulier et est divisée par quatre grandes rues, qui aboutissent à la place principale. Cette place est ornée de portiques et d'une belle fontaine. On y voit des édifices considérables, tels sont d'un côté le palais public et le nouveau théâtre, et de l'autre côté la tour de l'horloge et le dôme.

Faënza est renommée dans toute l'Italie pour la poterie de terre cuite qu'on y fabrique et à laquelle on a donné en France le nom de Faïence. Ce fut un Italien, qui, se trouvant à Nevers et voyant de la terre propre à faire la même poterie, y établit la première Faïencerie de ce royaume. En Italie on appelait cette terre magolica et dans les provinces méridionales de la France, on lui donne encore le nom de mélique; aujourd'hui la fabrique de Gaspard Feriani a beaucoup de réputation dans l'étranger à cause de la perfection que cet estimable artiste à su donner à sa poterie.

Faënza a un petit port et un canal de naviga-
tion, qui communique avec le Pô de Primaro, ouvrage utile et qui donne de grandes facilités au
commerce.

La campagne est très-fertile en grains, vin, lin
et chanvre; on y trouve des eaux thermales, des
salines, des veines de souffre, des fragmens de mines de fer, de cuivre et de plomb et de petits morceaux d'albâtre. Le célèbre mathématicien Torricelli
naquit à Faënza, ce fut à une très-petite distance
de cette ville que se donna, en 1797, la première
bataille entre les Français unis aux Lombards et
les troupes du pontife de Rome. Les Napolitains l'a-
bandonnèrent dans la dernière guerre à l'aproche
des Autrichiens.

§ VI.

ROUTE DE FAENZA PAR FORLI, FORLIMPOPOLI ET CESÈNE A RIMINI.

Après avoir quitté Faënza et fait trois lieues,
on passe le Montone, puis immédiatement après
le canal della Cocoglia et on entre à Forli.

Forli est aussi une ville assez considérable, située
aux pieds des Apennins et dans une plaine aussi
agrable que fertile, arrosée par le Ronco et le
Montone. Sa population est de 16,000 habitans.

Elle fut fondée par Livius Salinator, après la célèbre défaite d'Asdrubal sur le Metaure. Les habitans conservèrent long-temps leur liberté; mais ils subirent enfin le sort des autres peuples d'Italie; ce fut encore le pape Jules II, qui les réunit à l'état ecclésiastique. La ville de Forli est très-bien bâtie; les rues sont bordées de portiques; on y voit une place fort vaste et des édifices publics, qui ont un air imposant. La société y est très-agréable, les habitans s'adonnent surtout à l'industrie. Tous les environs plantés d'oliviers offrent des promenades charmantes. On prétend que Forli a été la patrie du poète latin Cornelius Gallus; Flavio Biondo, historien, et Morgagni, médecin célèbre, naquirent aussi dans cette ville.

. En sortant de Forli, la chaussée se continue en droite ligne jusqu'au Ronco qu'on passait sur un beau pont qui fut détruit par l'armée de Murat, le 20 avril 1815, et qui a été provisoirement rétabli en bois. Ce fut ici que l'avant-garde autrichienne du corps du lieutenant général comte de Neipperg, sous les ordres du général Geppert et du colonel comte de Zichy, livra à Murat la brillante affaire du 21 avril et força le passage de cette rivière. A une petite lieue plus loin, on trouve Forlimpopoli qui fut, dans cette même journée, emporté d'assaut par les Autrichiens. Pline parle de ce bourg, qui était un des quatre Forum situés sur la Voie Emilienne. Il n'y reste plus que quelques maisons et un château qui paraît avoir été construit lorsque César Borgia s'empara de la Romagne.

De Forlimpopoli on a encore quatre lieues à faire avant d'arriver à Césène, où l'on entre après avoir passé le Savio, sur un superbe pont qu'on a bâti dans les derniers temps.

Césène, offre selon moi une excellente position, à une armée et je ne conçois pas que Murat ne s'en soit prévalu. Cette position prise sur les hauteurs de Césène, sur la rive droite du Savio, domine tout le vallon de cette rivière qui protége son front et peut aisément servir à l'inonder. La droite vert St.-Martino et St.-Giorgio est couverte par les marais et ne laisse que peu de points de passage faciles à observer et interdire par des coupures, abattis, redoutes ou autres retranchemens adaptés aux localités. La gauche qui s'étendra sur les hauteurs vers Roversana, et qui selon toute apparence deviendra toujours le point principal de l'attaque et doit être considéré comme la clef de la position, pourra aisément être rendu très-formidable, protégée, comme elle l'est déjà, par les hauteurs et les bois de Césène et de la Madona del Monte. Enfin la ville de Césène renforcée par des ouvrages de la fortification passagère, mettront le centre à l'abri de toute insulte.

Césène, ville de 8,000 habitans, est bâtie sur un terrain inégal sur la pente d'une haute montagne. Sa fondation remonte à 391 ans avant J. C. : après avoir été désolée par plusieurs seigneurs particuliers, qui s'en étaient successivement emparés, elle fut le partage des papes, et réunie à l'état ecclésiastique. Sa principale rue, comme dans la plupart des petites villes d'Italie, est la seule qui soit fréquentée ; elle a quelques portiques, mais ses édifices publics et ses églises n'ont rien de bien remarquable. La grande place est décorée d'une fontaine, qui jette une prodigieuse quantité d'eau. Le territoire de cette ville est renommé par les vins et le chanvre qu'il produit.

A une lieue de Césène, on rencontre la petite rivière de Pisatello, qui n'offre rien de remarquable en elle-même. Cependant je m'y arrêtais et la contemplais avec un bien vif intérêt, en pensant que cette petite rivière est le célèbre Rubicon. Ce fut sur son bord que César s'arrêta et délibéra s'il devait la passer pour s'opposer au parti de Pompée, et ce fut après l'avoir traversé, qu'il s'écria : « le sort en est jeté » *alea jacta est* ; dès-lors Rome fut aux fers. Ce qui donnait le plus d'importance à ce passage, qui n'était rien par lui-même, et qui fut tout pour Rome, était la défense que le sénat avait faite, par un décret solennel, à tout général ou officier, ramenant l'armée ou quelque troupe, de franchir cette borne sans déposer ses armes et ses étendarts sous peine d'être regardé comme ennemi de la patrie. Le Rubicon était la limite de l'Italie et de la Gaule Cispadane.

La route de Césène à Rimini est très-belle, mais n'offre rien de remarquable. Dans ce trajet, qui est de 6 lieues on passe, après le Pisatello, la Rigosa, puis le Fiumessino et ensuite on traverse le petit bourg de Savignano, qui est le Compita des anciens, et où l'on voit un pont moderne d'une élégante architecture, et après avoir encore passé la Lusa, on arrive à Rimini.

§ VII.

RIMINI.

Rimini est une ville très-ancienne, située au pied des Apennins, près de l'embouchure de la Marecchia, et dans une plaine assez fertile. La population de Rimini est de 10,000 habitans. La mer s'étant retirée à cause des atterrissemens successifs occasionnés par divers fleuves qui descendent des Apennins, on distingue à peine quelques traces de l'ancien port de cette ville, et celui qu'elle a aujourd'hui, ne peut guère servir que pour des barques de pêcheurs.

En venant de Bologne, on entre à Rimini par la porte St.-Julien. La première chose qu'on apperçoit, est un pont magnifique construit sous les empereurs Auguste et Tibère, dans le même lieu, où se réunissaient les deux voies consulaires, la Flaminienne et l'Emilienne. En sortant de la ville par la porte romaine on passe sous un arc de triomphe, élévé à l'honneur d'Auguste. C'est le monument le mieux conservé de tous ceux de ce temps-là; il est bâti, ainsi que le pont, d'une pierre blanche des Apennins, qui a presque la beauté du marbre.

L'ensemble de cet arc est d'une riche architecture et a cet air de grandeur et de majesté, qui caractérise les ouvrages des anciens. Dans une place de Rimini assez régulière, on voit la statue en bronze du pape Paul V, et tout auprès une jolie fontaine de marbre. La plupart des églises de cette ville sont revêtues des marbres qu'on a retirés de l'ancien port.

La principale de ces églises est bâtie sur les ruines d'un temple de Castor et Pollux.

Celle de St.-François, superbe édifice du 15e siècle, fut construite sur les dessins de Léon - Baptiste Alberti, célèbre architecte de Florence, et renferme des tombeaux, des statues et des bas-reliefs d'un grand prix. Aux Capucins, on remarque les ruines de l'amphithéâtre de Publius Sempronius, et à la place du marché, un piédestal qu'on me montra comme étant la tribune d'où Jules César harangua son armée avant le passage du Rubicon.

§ VIII.

RÉPUBLIQUE DE St.-MARIN.

En partant de Rimini on apperçoit à quatre lieues, sur sa droite, sur un haut rocher des Apennins, la ville de St.-Marin siége d'une république d'environ 5,000 habitans. La montagne où la ville est bâtie et quelques éminences qui en dépendent, forment toute l'étendue de son territoire, qui n'a pas au-delà de deux lieues de diamètre.

On fait remonter la fondation de la ville de St.-Marin, jusques vers le milieu du 3e siècle. Un maçon de la Dalmatie, nommé Marin, après avoir travaillé pendant 30 ans aux réparations du port de Rimini, se retira sur une montagne pour y vivre dans la solitude. Malgré le soin qu'il prit de cacher les austérités qu'il y pratiquait, la sainteté de sa vie éclata, et il eût bientôt des disciples et des imitateurs. Une princesse à qui la montagne appartenait, la donna à Marin en toute propriété et ce vénérable solitaire y fonda, non un couvent de moines oisifs, mais une république : il crut qu'on pouvait ainsi concilier les préceptes de l'évangile avec les devoirs de la société.

Il n'y a dans tout l'état, que trois châteaux, trois couvents et cinq églises.

La ville qui est assise sur l'un des sommets les plus escarpés de la montagne, est couverte, pendant six mois de l'année, de neige, tandis que les ardeurs de l'été se font déjà ressentir aux environs. Cependant la vigne, qui croît parmi les rochers, y donne un vin excellent.

Il n'y a qu'un chemin pour arriver à la ville, et il est défendu, sous les plus grandes peines, de chercher à y pénétrer par tout autre côté.

L'histoire de la république de St.-Marin n'offre ni brillantes conquêtes, ni ce luxe qui souvent coûte tant de larmes et excite l'envie des nations. Elle ne présente que 1,500 ans de paix et de bonheur, tandis que tous les autres états de l'Europe ont

éprouvé dans cet intervalle une multitude de révolutions.

Le peuple content du peu qu'il possède et des
produits de son industrie, aime la justice et pratique la vertu ; et ce petit essaim d'abeilles est sans
doute bien plus heureux au milieu des rochers et
des neiges de S^t.-Marin que ces peuples remuans et
inquiets qui habitent les plaines les plus fertiles et
les vallées les plus agréables. La situation de la ville
de S^t.-Marin se trouvant être, dans la dernière
guerre, derrière le flanc gauche de la position que
l'armée de Murat avait choisie, elle devint assez importante pour être occupée par les Autrichiens. Le
détachement du capitaine de Constant-Villars,
après avoir traversé le torrent de la Marecchia se
porta sur cette république et en prit possession
dans la nuit du 27 au 28 avril. Ce furent, depuis
sa fondation, les premières troupes qui touchèrent
son territoire, car jusqu'ici jamais encore de soldat
n'avait pénétré sur son sol. Son éloignement des
routes, sa localité et sa pauvreté l'avaient, dans
toutes les nombreuses guerres d'Italie, mis à l'abri
d'une occupation militaire.*

---

* Cette petite république n'eut rien à souffrir de cette occupation momentanée, si ce n'est qu'on lui imposa après
le départ de ce détachement une contribution, qui lui fut

§ IX.

ROUTE DE RIMINI A PESARO.

La route depuis Rimini jusqu'à Ancône, resserrée entre les Apennins et la mer, forme un long défilé qui présente d'excellentes positions, où les deux ailes se trouvant bien appuyées, et le front couvert par un de ces torrents ou une de ces nombreuses rivières qui descendent des Apennins, met une arrière-garde dans le cas de pouvoir retenir long-temps toute une armée.

Depuis Rimini jusqu'à Pesaro, on ne trouve d'autres vestiges de la voie Flaminia que quelques pierres qui sont d'un bleu tirant sur le noir, parsemées de points blancs et qu'on regarde comme une sorte de lave. On marche juqu'à Fanô sur les dunes entre la mer et la campagne, excepté près de Pesaro où l'on rencontre une montagne qu'on est obligé de gravir. A trois lieues de Rimini on passe la Conca sur un pont de pierre, puis la Ventena et l'on arrive à la Catholica, nom qu'on a donné à ce bourg parce qu'il donna asile aux prêtres qui, pendant le concile de Rimini, se séparèrent des évê-

restituée plus tard, vu que cette réquisition ne provenait que d'un abus ou d'un malentendu.

ques ariens. De la Catholica on va à Pesaro en côtoyant la mer lorsqu'elle est calme; dans le cas contraire on prend le chemin supérieur, appelé Pantalone; tout ce pays est parsemé de jolies maisons et est fort bien cultivé.

§ X.

PESARO.

Pesaro est une ville de 8,000 habitans, fort ancienne, située sur une petite éminence et à l'embouchure de la Foglia (Isaurus), dans la mer Adriatique.

Cette ville après avoir passé des Gaulois aux Romains, des Romains aux Goths, et de ceux-ci à quelquels seigneurs particuliers qui s'en emparèrent par la ruse ou par la force, fut réunie à l'État ecclésiastique sous le pontificat d'Urbain VIII aussi voit-on la statue en marbre, de ce pape, sur la place principale. Pesaro est entourée de murs et flanquée de bastions; son port quoique petit est assez commode; ses rues sont larges et bien alignées; ses églises contiennent des tableaux précieux, dont quelques-uns sont de Paul Véronèse, du Guide, du Baroche. Un ancien aqueduc, dont il est même parlé dans Tite-Live, fournit abondamment la ville d'une eau excellente; autrefois l'air y était malsain, mais depuis le desséchement des marais environnans, le séjour en est très-agréable. En effet , rien de si charmant que les coteaux qui l'entourent ; c'est un mélange de prairies, de vignobles et de vergers qui sert d'ornement à la nature et fait la richesse du pays. Les figues de Pesaro sont très - renommées ; elles surpassent en bonté tous les autres fruits. L'arrière-garde napolitaine fut surprise dans cette ville, le 28 avril, par le détachement autrichien , des capitaines, comte de Thurn et de Monbach.

§ XI.

FANO.

Vient ensuite Fano, qui est à sept lieues de Rimini; c'est une ville d'environ 5,000 habitans, assez jolie, bâtie sur le bord de la mer et fort près du Metaure, rivière célèbre par la défaite d'Asdrubal, par les consuls Livius Salinator et Claude Néron. Elle a un petit port sur l'Adriatique, formé par un bras du Metaure, détourné avec art; c'est ici sur les bords de la mer qu'on trouve beaucoup de poissons nommés cavaletto, ou cheval marin (sygnatus hippocampus.) Fano a de belles églises, une riche bibliothèque et un théâtre aussi remarquable par son architecture et son étendue que par sa perspective et ses décorations. On y voit encore les ruines d'un ancien arc de triomphe, élevé en honneur d'Auguste, ou selon d'autres en honneur de Constantin; mais les inscriptions en sont presque entièrement effacées. Il ne reste aucun vestige du temple que les Romains y avaient élevé à la Fortune et qui avait fait donner à cette ville le nom de Fanum Fortunæ.

On vante les truffes de Fano, comme ayant un goût exquis et un parfum délicieux.

C'est à Fano, comme nous l'avons déjà fait observer, que vient aboutir une route transversale (n° 6) qui se dirige à Rome par Foligno et dont nous parlerons dans le chapitre VII.

§ XII.

ROUTE DE FANO PAR SINIGAGLIA A ANCONE.

De Fano à Ancône la route est assez agréable, quoique la plaine qu'elle traverse soit fort resserrée à cause du peu de distance qu'il y a entre les bords de l'Adriatique et les montagnes qu'on est obligé de côtoyer.

Après avoir fait quatre lieues, on arrive à Sinigaglia, petite ville située sur le bord de la mer, très-commerçante et bien peuplée. Cette ville qui fut fondée par les anciens Gaulois Senenois, est aujourd'hui célèbre par la foire qui s'y tient tous les ans et qui y attire un grand concours d'étrangers. Elle a un petit port formé par la Misa à son embouchure dans la mer. Pendant la foire dont nous venons de parler, Sinigaglia offre un spectacle vraiment curieux; c'est un mouvement perpétuel d'une foule de gens de toutes nations, occupés à se chercher ou empressés à faire transporter les marchandises du port à la ville et de la ville au port. Les rues sont entièrement couvertes de tentes suspendues, que l'on humecte de temps en temps, et le sol est garni de planches pour la commodité des transports. Les palais, les maisons, les quais, les moindres espaces sont convertis en magasins. Les fossés, les glacis et les dehors de la ville sont couverts de barraques, de cuisines et de chevaux au piquet. La plus petite chaumière rassemble plusieurs ménages. Le beau monde se réfugie dans les cafés.

Les îles et tous les bords de l'Adriatique, la Sicile et une partie de l'Archipel, forment le fond de cette foire. Les Grecs parlent l'italien, ou se servent de la langue franque, qui est un alliage de grec, d'italien et de provençal, c'est-à-dire des trois langues actuelles les plus douces. Ils ont l'air et la physionomie des meilleurs gens du monde; étendus sur le pavé à demi-endormis, ils font de leur corps un rempart à leur petite boutique et vendent sans changer de situation.

L'air national se démêle au premier coup-d'œil dans chacun des autres marchands. Le Lombard, le Suisse, le Lionnais appellent les passans, les invitent à acheter et déploient avec empressement toute leur boutique. Le Hollandais uniquement occupé de l'arrangement de ses marchandises, en nettoye chaque pièce. Le Romagnole et le Sicilien debout, le ventre appuyé sur le comptoir, le chapeau enfoncé sur les yeux, font intérieurement leur compte. L'Anglais fier et dédaigneux présente les marchandises qu'on lui demande, y met le prix et si l'on fait mine de marchander, les remet à leur place et reprend sa promenade dans sa boutique. Tous les objets variés, qu'offre la foire de Sinigaglia, la rendent très-amusante et fort recherchée.

Au sortir de cette ville, on se rapproche du rivage de la mer, qu'on côtoye jusqu'à Case Bruciate; là on passe la rivière d'Esino et tournant du côté des terres, on arrive à Ancône par une route nouvellement construite et beaucoup plus commode que l'ancienne.

§ XIII.

ANCONE.

Ancône, ville ancienne, capitale de la Marche, à qui elle donne le nom, est située sur le penchant d'une colline et s'étend jusqu'au bord de la mer. Son port de forme circulaire, défendu par deux môles, est un des plus fréquentés de l'Italie. On croit que cette ville doit sa fondation à des Siracusains qui, fuyant la tyrannie de Denis, vinrent s'établir sur les côtes de l'Adriatique. Les Romains y placèrent la station de leur flotte dans la guerre contre les Illiriens, et César, après le passage du Rubicon, y mit une garnison : Trajan fit considérablement agrandir son port et ce fut pour marquer leur reconnaissance à cet empereur, que les habitans d'Ancône érigèrent en son honneur un arc de triomphe qu'on voit encore sur la jetée du port à l'entrée du môle, monument qui est un des mieux conservés de ce genre : cet arc de triomphe est bâti en marbre de Paros et joint si exactement qu'il semble ne faire qu'une seule pierre. Il est décoré de colonnes corinthiennes posées sur des piédestaux. Il y a une attique au-dessus avec une inscription que le temps n'a point effacée. La solidité de cet ouvrage a beaucoup contribué à sa conservation ; mais la main des barbares l'a dépouillé d'un grand

nombre de statues de bronze, de trophées et d'autres ornemens accessoires.

Assez près de là est un autre arc de triomphe moderne, élevé en l'honneur du pape Clément XII,
qui avait commencé le môle et le lazaret. Ce
second arc d'ordre dorique est assez estimé.

La citadelle qui fut bâtie après qu'Ancône eut
été soumise entièrement au S^t.-Siége, commande
la ville et le port.

Ancône, vue du côté de la mer, présente le plus
beau coup-d'œil, mais l'intérieur de cette ville
n'offre rien d'agréable ; ses rues sont très-étroites
et ses maisons peu considérables. On y tolère, en
faveur du commerce, toute les religions, ce qui
contribue beaucoup à augmenter la population
qu'on fait monter à 20,000 habitans en y comprenant 5,000 juifs qui s'occupent d'un commerce
très-actif.

La cathédrale dédiée à S^t.-Ciriaque, est située sur
la pointe du cap où était autrefois un temple de
Vénus.

Les autres églises renferment quelques tableaux
de prix dont quelques uns sont du Guerchin, du
Titien, etc.

Cette place fut bloquée, le 3 mai 1815, par le général Geppert et défendue par le général Monte Majo avec une garnison de 5,000 hommes ; elle capitula le 1er juin.

§ XIV.

LORETTE.

D'Ancône à Lorette il y a 6 lieues : la route est peu commode parce qu'on ne fait que monter ou descendre, cependant la campagne est belle, bien cultivée et assez peuplée.

Lorette est une ville moderne d'environ 6,000 habitans, bâtie sur le sommet d'une colline et à trois quarts de lieue de la mer. Ses édifices n'ont rien de remarquable et la rue principale n'est composée que de boutiques où l'on vend des chapelets, des médailles, des rubans, des fleurs artificielles et autres petits objets de dévotion, commerce qui a rapporté par année jusqu'à cent quatre-vingt mille livres. La ville est fortifiée par une bonne muraille à laquelle Sixte V, fit ajouter plusieurs bastions, pour mettre la place à couvert de toute surprise de la part des corsaires turcs, qui, sous Mahomet II et Selim, son neveu, attirés par l'espoir du butin, avaient fait des descentes sur ces côtes.

Ce qu'il y a de plus curieux à voir dans cette ville, est la Santa Casa, ou la maison de la Vierge; on en trouve sur les lieux une description imprimée et très-détaillée. Ici nous nous bornerons à rapporter ce que Lorette offre de plus digne de fixer l'attention des voyageurs.

La Santa Casa, ou la maisonnette de la Vierge, qui fut dit-on, dans le 13e siècle miraculeusement transportée de Nazareth en Dalmatie et de Dalmatie au lieu qu'elle occupe enfin aujourd'hui, après avoir plusieurs fois changé de station dans la forêt qui environnait Lorette, est au milieu d'une riche et magnifique église qui a été réparée dans le goût moderne. A l'entrée de cette église on voit une statue en bronze de Sixte V, et sur la façade la statue de la Vierge avec des bas-reliefs et des portes de bronze. Les chapelles sont décorées de superbes mosaïques et la coupole de très-belles peintures.

La Santa Casa située sous cette coupole a 31 pieds 9 pouces de long, 31 pieds 3 pouces de large et 18 pieds neuf pouces de haut; elle est bâtie de briques : l'on y remarque quelques restes de peintures noircies par la fumée des lampes et des cierges. Les chambranles des portes et des fenêtres sont revêtus d'épaisses lames d'argent; le pavé est formé de carreaux de marbre blanc et rouge. La chroni-que prétend que les anges en transportant cette maison laissèrent à Nazareth l'ancien pavé ainsi que les fondations. Au-dessus de la cheminée qui est au fond, du côté de l'Orient, est une niche dans laquelle on a mis une statue de la Vierge qu'on dit être de bois de cèdre et avoir été sculptée par St.-Luc, quoique cet évangéliste ne fut point sculp-teur. Cette figure est couverte d'or et de pierre-ries ; l'intérieur de la Santa Casa renferme des ri-chesses qui éblouissent la vue et que l'imagination aurait de la peine à évaluer.

On y admire un tableau de la nativité de la Vierge, par Annibal Carrache, et une sainte famille de Raphaël.

Dans le vestibule est un grand tableau du Guide, représentant la Vierge à l'ouvrage avec six jeunes filles et des vieilles qui les instruisent. A cette maison , ou chambre, on a fait un encaissement de marbre de Carrare qui est un chef-d'œuvre de l'art ; il est d'ordre corinthien et représente les mystères de la Vierge. L'architrave qui règne tout autour, est soutenue par des colonnes entre lesquelles figu-rent, dans des niches, les statues des prophètes et des sybilles. L'architecture de cet édifice est de Bramanté.

Les peuples de la chrétienté ont une si grande dévotion pour ce sanctuaire que Lorette est devenue le plus fameux pélerinage qu'il y ait au monde.

Les pélerins se rassemblent en grandes compagnies et forment plusieurs caravanes, qui ont chacune leur bannière, leur gouverneur et leurs prêtres. Ce grand concours va quelquefois au nombre de 100,000. Une des plus pénibles et principales dévotions qu'on y observe, c'est de faire à genoux le tour de la Santa Casa. Le pavé quoique de marbre est sillonné à la profondeur de plus d'un pouce et demi et l'on est souvent obligé de le renouveler.

On sent que parmi cette multitude innombrable de pélerins, il en est dont la dévotion n'est pas toujours le motif dominant du voyage, et l'on présume, peut-être avec quelque fondement, que plusieurs dames italiennes se servent de ce prétexte pour se délivrer pendant quelques jours de la contrainte, ou de la servitude que leur font subir des maris jaloux ou des parens trop sévères. Du reste, les pélerins ne s'en retournent jamais qu'ils n'aient laissé leur présent suivant leurs facultés, ce qui grossit considérablement le trésor de Lorette.

Le pape Pie VI dépouilla en grande partie ce

trésor, pour payer aux Français la somme convenue par le traité de Tolentino en 1797.

Cette paix ayant été de courte durée, les Français prirent Lorette en 1798, et transportèrent la statue de la Vierge en France; ils la rendirent cependant dans la suite; en sorte que le sanctuaire est à présent dans son premier état, du moins pour la partie religieuse.

A Lorette, outre la superbe église de la Madonna, on admire la place qui est en face de cette église décorée de deux beaux portiques et d'une fontaine dont le bassin est de marbre avec des ornemens de bronze. Il faut voir encore le palais épiscopal et la pharmacie, édifice souterrain, ou sont 300 vases peints d'après les dessins de Raphaël et de Jules Romain. La route qui conduit en pente douce de Lorette à la mer, est bordée de maisons de campagne, très-agréables et de jardins bien entretenus, ensorte que tout cet espace forme un amphithéâtre dont le coup-d'œil est charmant.

DEUXIÈME SECTION.

———

Chemin qui de Lorette conduit à Pescara, suivi par le corps du lieutenant-général Mohr et son avant-garde sous le général major comte de Starhemberg, et par l'armée napolitaine.

§ XV.

La grande route se termine à Lorette, où vient aboutir la route transversale (n° 7) qui de Lorette conduit, par Macerata et Tolentino, à Foligno, et delà à Rome.

Le chemin qui continue de longer la mer Adriatique pour conduire par Porto di Civita Nuova à Porto di Fermo, Grattamare, Guilia Nova et Silvi à Pescara, est assez bon jusqu'au Tronto, où l'on parvient après avoir passé la Chienti, la Tenna, la Litta, l'Aso et le Tesino ; mais de l'autre côté du pont, sur lequel on passe cette rivière on ne trouve plus qu'une mauvaise traverse, souvent fort endommagée par les débordemens des rivières Vibrata, Salinello, Tordino, Vomano, Piomba, Fino et Pescara, qui en temps de pluie se changent en torrens impétueux. Ce chemin et les endroits que l'on traverse n'offrent rien d'intéressant. Dans la relation de la campagne on a fait déjà mention de la place de Pescara, qui est l'ancien Aternum,

située dans l'Abruze citérieure avec titre de mar-
quisat et un château autrefois épiscopal dont le
siége a été transféré à Atri. Cette forteresse se
trouve à 3 lieues N. E. de Chieti, 3. O. de Citta di
Penna, et 40 N. E. de Naples.

CHAPITRE II.

(N.º 5.) *Route transversale de Bologne à Florence, suivie par le corps du lieutenant-général Bianchi.*

§ XVI.

DE Bologne à Florence il y a 20 lieues, mais qu'on estime à 25, vu qu'on est obligé de traverser les Apennins qui séparent la plaine de la Lombardie d'avec la Toscane. Les principaux bourgs, ou villages qu'on rencontre sur cette route, sont : Pianoro, Filigare, Covigliajo, Monte Carelli, Cafaggiolo, et Fonte Buona.

De Bologne à Pianoro le chemin est uni et presque toujours dans le fond d'une vallée.

En allant de Pianoro à Lojano on a une vue d'autant plus étendue, qu'on aperçoit la chaîne des Alpes, Ivrée, Milan, Verône, la plaine de Padoue, et la mer Adriatique.

Lorsqu'on a atteint Lojano, la difficulté que présente la montée des Apennins exige pour les voitures, chariots ou artillerie une augmentation de chevaux de trait.

A environ deux lieues de Filigare et à quelques centaines de pas à gauche de Pietra Mala, sur une montagne escarpée, appelée Monte di Fò dans un terrain pierreux et couvert de rochers, s'offre un phénomène bien digne de fixer l'attention des physiciens ; c'est un feu qui s'exhale de cette montagne et qu'on appelle foco di legno (le feu de bois). Le terrain occupé par la flamme a tout au plus 10 ou 12 pieds en tous sens : on n'y voit ni fente n'y crevasse et l'on trouve à quelques pas de là le gramen et autres herbes communes. La flamme est en certains endroits bleue comme celle de l'esprit de vin et en d'autre rouge ; elle est si vive surtout quand le temps est nébuleux et que la nuit est obscure, qu'elle éclaire toutes les montagnes voisines. Si l'on y jette de l'eau, la flamme pétille et cesse pour un instant, mais elle ne tarde pas à reprendre toute sa vivacité ; elle exerce une action très-prompte sur le bois, tandis que les pierres n'en paraissent pas altérées : les uns regardent ce feu comme le reste d'un volcan éteint depuis long-temps, les autres, comme l'annonce d'un volcan qui deviendra très-redoutable lorsque le fer s'y rencontrera en assez grande quantité avec le souffre. Les montagnes d'alentour sont stériles et ne produisent que quelques faibles plantes. On remarque encore à une demi-lieue environ de Pietra mala une source d'eau froide appelée l'Acqua Buya qui s'enflamme à l'approche d'une lumière. Sur le Giogo, une des plus hautes montagnes de l'Apennin, et à Monte Carelli et Covigliajo on voit des éboulemens de terre et de rochers considérables, et l'amas de pierres et d'autres matières que l'on trouve entre Pietra mala et Scarisa Lasino présente une ruine imposante.

Depuis Covigliajo jusqu'à Cafaggiolo on va presque toujours en descendant. Lorsqu'on a gagné Cafaggiolo, on aperçoit une magnifique maison de plaisance du grand-duc, appelée Pratolino, d'architecture de Bernard Bontalenti et célèbre par les embellissemens qu'y firent les Médicis ; elle s'annonce par de grandes avenues d'ifs, de ciprès et de sapins ; dans les jardins, il y a des fontaines artistement décorées, des machines hydrauliques qui font mouvoir des statues et jouer des orgues. Ces machines servirent de modèle pour les jardins de Versailles. Au bout d'un parterre est la statue colossale de l'Apennin, qui a plus de 60 pieds de haut ; sous cette figure est un monstre qui vomit de l'eau ; l'on pénètre dans l'intérieur et l'on se trouve dans une grotte remplie de coquillages et de jets-d'eau. On voit dans ces jardins une prodigieuse quantité de bassins, de fontaines, de statues, de grottes, de terrasses, d'amphithéâtres, d'allées d'arbres toujours verts et de labyrinthes ; enfin on n'a rien épargné pour en faire un lieu des plus agréables.

A Cafaggiolo, on trouve une route très-belle qui longe deux rangs de collines, couvertes de vignes d'oliviers, qui est délicieuse jusqu'à Florence.

§ XVII.

FLORENCE.

Florence, capitale du grand-duché de Toscane, est une ville de 80,000 habitans, située au pied des Apennins et dans une vallée fertile et riante qu'arrose l'Arno; elle est de forme presque ovale et a environ deux lieues de tour. Le fleuve qui la traverse la divise en deux parties inégales. La beauté de sa situation, la magnificence et la régularité de ses édifices lui ont fait donner le surnom de Florence-la-Belle, qu'elle mérite à bien des égards.

Six cents ans avant J. C. les Triumvirs envoyèrent à Florence une colonie formée des meilleurs soldats de César et suivant Florus c'était une des des villes municipales les plus considérables d'Italie.

Lorsqu'écrasé par son propre poids, l'imposant colosse de l'empire romain tomba en ruines et que ses immenses débris devinrent la proie des barbares du Nord, Florence fut une des premières villes qui formèrent un état républicain: mais quelque tems après, prise par les Goths et reprise par Narsès, général de l'empereur Justinien, elle fut presque entièrement détruite. Rétablie par Charlemagne en 781, quelques seigneurs particuliers dont l'ambition était sans bornes et qui ne connaissaient d'autre droit que celui du plus fort, ne tardèrent pas à se disputer la possession d'une ville aussi intéressante. Cependant vers 1115 Florence avait repris son indépendance et même fait des conquêtes sur les peuples voisins.

Cet état de prospérité ne fut pas de longue durée, parce que déchirée par des factions intestines, cette ville fut comme le centre des guerres les plus horribles, des ravages les plus affreux.

Enfin les Médicis, qui de simples citoyens s'élevèrent au premier rang, s'emparèrent de toute l'autorité : du reste ils rendirent de grands services à leur patrie ; ils firent plus, ils contribuèrent de tous leurs moyens au rétablissement des sciences et des arts en Europe ; et Florence récompensa leurs talens et leurs zèle en déférant à leur famille le pouvoir souverain.

Comme la ville de Florence est très-grande, elle m'a paru triste et peu peuplée; aussi dit-on qu'il ne faut la faire voir aux étrangers qu'un jour de fête ou de dimanche.

Elle a plusieurs places, décorées de fontaines, de statues et autres monumens publics. Ses rues sont larges presque toutes tirées au cordon et pavées de grandes pierres de taille, ce qui contribue beaucoup à la propreté.

Le quartier du S^t.-Esprit, qui est séparé du reste de la ville par l'Arno, s'y trouve réuni par quatre ponts, dont le principal appelé le pont de la Trinité d'une construction aussi solide que hardie ; il n'a que trois arches de marbre qui sont d'une prodigieuse largeur. Les entrées de ce pont sont ornées de quatre statues en bronze représentant les quatre saisons de l'année. Les autres trois ponts n'ont rien de remarquable ; celui qu'on appelle Ponte Vecchio est couvert de maisonnettes occupées par des orfèvres.

La porte St.-Gallo, par laquelle on entre en venant de Bologne, est la plus belle de toutes ; on y voit un arc de triomphe élevé a l'honneur de François Ier, lorsque n'étant encore que grand-duc de Toscane, il fit son entrée à Florence en 1739.

On compte à Florence 152 églises ou chapelles qui seraient, sans contredit, les plus belles d'Italie, si elles étaient achevées ; ce défaut qu'on rencontre assez souvent dans ce pays, n'empêche pas qu'on ne soit forcé d'admirer le bel ordre de leur architecture et la richesse de leurs ornemens.

Le centaure, placé près de l'église de Ste.-Marie-Majeure, est un groupe de Jean de Bologne plein, de force et d'expession. Il représente Hercule terrassant le centaure Nessus, et lui cassant la tête d'un coup de massue, le tout d'un seul bloc de marbre blanc élevé sur un grand piédestal ; mais j'ai trouvé ce magnifique chef-d'œuvre bien désavantageusement placé, car il se trouve à l'intersection de deux rues d'une médiocre largeur où il ne fait aucun effet, tandis qu'il serait un superbe ornement sur une place.

Dans un autre carrefour de la ville, au voisinage de la rue Bardi, on voit aussi un beau groupe qui sert de décoration à une fontaine. Les uns croient qu'il représente Ajax, fils de Télamon, percé d'un coup mortel, qu'il se donna lui-même désespéré de ce qu'on lui avait refusé les armes d'Achille pour les accorder à Ulysse. D'autres pensent que c'est le corps de Patrocle enlevé aux Troyens par Ajax. Il y a des personnes qui prétendent que c'est une antique grecque, mais Mr. Cochin estime que c'est un ouvrage de Jean de Bologne.

On compte à Florence 160 statues soit dans les places, soit dans les rues, soit enfin dans les façades des palais.

Mais il n'y a pas de place au monde qui, dans ce genre de décoration, l'emporte sur la place du Palais, qu'on appelle aussi Piazza Del Gran Duca, à cause de la statue équestre de Come I qui fut le premier grand-duc de Florence.

Cette place a d'un côté la façade du vieux palais, et de l'autre, l'entrée de la grande galerie dont nous parlerons bientôt. Les autres côtés sont bordés par des maisons bourgeoises assez laides si l'on excepte le palais Agaccioni que les uns attribuent à Michel Ange et les autres à Palladio. Dans cette même place est une fontaine qu'on regrette de voir réléguée à l'un des coins du vieux palais, et qui certainement eût dû figurer au centre de l'espace qui reste vide. Cette fontaine se compose d'un grand bassin de marbre; au milieu est un Neptune, figure colossale, haute de 18 pieds; il est debout dans une conque tirée par quatre chevaux marins et a entre ses jambes trois tritons. Ce groupe est en marbre : les bords du bassin sont décorés de 12 figures de bronze, qui représentent des nymphes et des tritons, ouvrage de Jean de Bologne très-bien composé. A côté de la fontaine est la statue équestre de bronze par le même Jean de Bologne, érigée en 1594 à l'honneur de Come I grand-duc. Le piédestal est orné de bas-reliefs.

La tour du vieux palais est un édifice singulier soit par son élévation, soit par la manière dont il est bâti. Il a 269 pieds de haut et repose sur 4 colonnes : on y a placé une horloge de nuit ou cadran, où les points qui indiquent l'heure et ceux qui marquent les quarts, sont les seuls éclairés ; on peut ainsi de la place ou des rues voisines, voir quelle heure il est pendant l'obscurité.

Le vieux palais est un de ces édifices qui en imposent, sinon par une belle architecture, du moins par leur grandeur.

En entrant dans la cour, on aperçoit une fontaine de porphyre avec un enfant de bronze. n y voit aussi un Hercule qui tue Cacus : cette statue, au jugement de certains connaisseurs, égale en beauté celle qui est sur la place. Ce qu'on juge le plus digne d'être remarqué dans l'intérieur de ce palais est une salle immense, servant à donner des fêtes publiques : elle a 162 pieds de long sur 74 de large ; on y a peint les actions les plus signalées de la ville de Florence et de la maison de Médicis. Au fond de la salle il y a une estrade ornée de statues. Dans les côtés on a distribué six groupes qui présentent de très-belles attitudes ; en voici les sujets : Hercule terrassant le centaure ; Hercule tuant Cacus à coups de massue ; Hercule qui étouffe Antée ; Hercule qui défait la reine des Amazones ; Hercule emportant le sanglier d'Erimante ; Hercule qui met à mort Diomède. Dans une espèce de garde-meuble et à l'étage supérieur on voit la conversation de Rubens ; c'est un très-beau tableau dans lequel le peintre s'est représenté lui-même avec plusieurs autres personnes dissertant ensemble sur quelque sujet de morale ou de philosophie. L'une des salles de ce garde-meuble renfermait autrefois des richesses inappréciables ; on y conservait l'original des Pandectes.

La Loggia qui fait face au même palais est une espèce de portique, où se place le grand-duc le jour de S^t. Jean pour voir passer les députés de ses villes.

Sous l'une des arcades de ce portique, on admire une figure de Judith en bronze, du Donatello ; Judith est représentée debout ayant Holopherne à ses pieds et prête à lui couper la tête.

Sur le piédestal on lit ces mots ; *Publicæ salutis exemplum cives posuere.* Cette inscription qui contient une leçon si énergique pour ceux qui cherchent à s'emparer de l'autorité, fut sans doute faite du temps de la république. On remarque sous une autre arcade une grande figure de Persée en bronze, tenant d'une main son épée et de l'autre montrant la tête de Méduse. Sous une troisième arcade, est un groupe célèbre et d'un travail admirable de Jean de Bologne ; c'est l'enlèvement d'une Sabine. Enfin sous le même portique, figure une statue de David qui triomphe de Goliath ; elle est de Michel Ange ; on ne saurait imaginer, de plus belles proportions, des contours plus naturels, plus séduisans.

La galerie de Florence, ou de Médicis, est la collection la plus célèbre, la plus riche et la plus nombreuse qu'on connaisse en statues antiques, en bronzes, en médailles et en tableaux précieux, sans parler d'autres curiosités de la nature ou chefs-d'œuvre de l'art : celle même de Rome ne lui est pas supérieure. On se demande d'abord, comment des princes possesseurs d'un état assez borné, ont pu conquérir une si prodigieuse quantité d'objets que leur rareté même rend inappréciables ? La réponse est facile : c'est parce que la collection fut commencée dans un temps d'ignorance, dans un temps où les seuls Médicis connaissaient le prix des restes de l'antiquité.

La description des cette galerie qui porte le titre de Museo Florentino, contient un grand nombre de volumes in-folio, ce qui suffit pour faire sentir que les bornes de cet ouvrage ne nous permettent pas de donner une notice détaillée des diverses richesses que renferme le plus bel établissement qu'on ait pu former pour honorer et encourager les arts.

Le peu de temps qui était à ma disposition, a été cause que je n'en ai pu voir qu'une partie. Je ne puis donc garantir si tous les objets, dont je vais parler, existent réellement aujourd'hui dans la galerie de Florence. Les révolutions politiques, qui ont agité l'Europe, depuis plus de 25 ans, ont dû nécessairement occasionner la dispersion de beaucoup de chefs-d'œuvre ; ce ne sera qu'après avoir dressé un nouveau catalogue, qu'on saura au juste les pertes qu'elle a éprouvées et les trésors qu'elle possède encore.

La galerie de Médicis se présente sous l'aspect le plus imposant; c'est une grande cour, ou plutôt une rue qui a 475 pieds de long sur 58 de large, des deux côtés ornée de portiques, où l'on peut se promener et qui se prolongent jusqu'à la rivière; on y entre par la place du vieux palais.

L'extrémité opposée se termine par un grand arc qui donne sur l'Arno, et fait la liaison des deux ailes. La hauteur de l'édifice se compose d'abord d'un rez-de-chaussée décoré de colonnes de l'ordre dorique, et surmonté extérieurement d'un attique; au-dessus de cet attique, est un grand étage éclairé par des croisées ornées d'appuis en balustrades et de frontons; c'est dans cet étage que sont placés les artistes qui travaillent pour le grand-duc. Le second étage, où est la fameuse galerie qui renferme tant de curiosités et de richesses, présente à peu près le même ordre d'architecture que le rez-de-chaussée.

Ce vaste bâtiment est en général de bon goût, quoique les connaisseurs y trouvent quelques défauts. Dans le carnaval, on ferme le côté de la rue qui donne sur la place du vieux palais, pour en interdire l'entrée aux carosses, et l'on établit un café sous l'arc qui est à l'extrémité opposée : alors la rue et les portiques se remplissent d'une si grande affluence de masques, qu'on a peine à s'y retourner.

L'immense trésor des curiosités de toute espèce, dont la magnificence des Médicis enrichit la galerie de Florence durant le cours de deux siècles, est placé dans trois grands corridors et vingt salles, auxquelles on donne le nom de Gabinetti. La galerie est publique, et il est défendu de mettre les curieux à contribution.

Dans le vestibule, qui est au bout de l'escalier, on voit d'abord les bustes des princes qui ont fondé ou enrichi cette galerie, avec une petite explication au dessous de chaque buste, ce qui forme déjà un abrégé de l'histoire de cet établissement.

Le corridor, appelé proprement la galerie, est composé de deux grandes ailes et d'une partie intermédiaire qui les réunit. Cette vaste étendue est remplie de tableaux et de statues ; les voûtes même sont chargées de peintures et l'on permet aux élèves d'y aller travailler. Là, sont les portraits des hommes célèbres que Florence et les autres villes de la Toscane ont produits ; des tableaux du Guerchin, de Paul Véronèse, du Corrège, du Titien, du vieux Palma; la suite des empereurs de Rome et de leurs familles, en bustes antiques et un grand nombre de statues et de groupes, soit en marbre, soit en bronze aussi rares que curieux.

Après avoir parcouru les trois corridors, on arrive à la porte du premier cabinet qui contient le muséum étrusque, et par conséquent les antiquités propres à la Toscane. On a recueilli dans ce cabinet beaucoup de sculptures, d'urnes chargées de caractères, de tombeaux anciens, de bas-reliefs en albâtre, qui tiennent en quelque sorte de la beauté des ouvrages grecs, et d'inscriptions auxquelles on doit le peu qu'on sait du langage des anciens Étrusques.

Une remarque qu'il n'est pas inutile de faire, c'est que les Étrusques avaient cultivé les arts, même avant les Grecs; et que lorsque Bolsène, leur capitale, fut prise 205 ans avant J. C., on y trouva 2,000 statues qui furent transportées à Rome.

Le second cabinet renferme les bronzes modernes; il est orné de statues et de dorures et dans ce genre de décorations, c'est le plus beau que l'on connaisse.

Le troisième cabinet, revêtu de marbre, est destinés aux bronzes antiques; on y voit presque tous les dieux de la Fable, des divinités étrusques dont on sait peu de choses, des Nymphes, des Amours, des Génies, des Faunes, des Satyres, Silène, un Hermaphrodite, un Séropis, des figures allégoriques, les portraits des hommes illustres, philosophes ou empereurs, des gladiateurs, des acteurs, des animaux de toute espèce, des autels, des trépieds, divers objets de parure pour les femmes, tels que colliers, chaînes, anneaux, bracelets, pendans d'oreille, aiguilles de cheveux, miroirs de métal; des manuscrits en cire et sur écorce, et une foule d'ustensiles et instrumens des arts.

Dans le quatrième cabinet sont les peintures antiques des Grecs et des Romains, et celles faites en Italie lors de la renaissance des arts. Cette collection est d'autant plus rare, d'autant plus précieuse, qu'elle présente les pièces justificatives de l'histoire des progrès de la peinture, et que la plupart des anciens tableaux ont péri de vétusté ou par l'effet des révolutions.

Le cinquième cabinet décoré de stucs dorés, et de peintures dans le genre antique, comprend le fameux groupe de Niobé, composé de 16 statues grecques. On sait, d'après Ovide, que par la jalousie de Latone, Niobé vit périr ses quatorze enfans percés des flèches d'Apollon et de Diane.

Quelques-uns ont cru que ce groupe est celui dont parle Pline, et l'ont attribué ou à Scopas ou à Praxitelle; mais le plus grand nombre est d'un avis contraire, à cause des défectuosités qu'on y trouve.

Dans le sixième cabinet, on admire le bel Hermaphrodite antique de marbre blanc, couché sur une peau de lion; l'Adonis de Michel Ange; la Vénus à demi nue et celle qui tient une pomme, ainsi que plusieurs têtes ou bustes de Paul Véronèse, du Guide, de l'Espagnolet et de Rubens.

Le septième cabinet offre un grand nombre de têtes en marbre et d'inscriptions grecques et latines. On y remarque le buste de Brutus par Michel Ange. Ce buste est à peine ébauché et il semble plein de vie.

Les huitième et neuvième cabinets présentent la collection unique d'environ 330 portraits des grands peintres de tous les pays, la plupart faits de leur propre main. Ainsi dans ces cabinets on peut jouir du double plaisir de contempler les traits de ces célèbres artistes et de juger de leur manière de faire.

Le dixième cabinet contient les médailles ; c'est la collection la plus considérable d'Italie, ou du moins, il n'y a que celle de Naples qui puisse lui être comparée. On y compte 14,000 médailles, dont plus de 1,100 en or et 3,750 en argent. Les Césars en or y sont beaucoup plus complets que partout ailleurs.

Le onzième cabinet est un salon arrondi en forme de tribune, orné de colonnes d'albâtre et de vert antique, entre lesquelles sont six armoires enrichies de colonnes d'agate et de cristal de roche. Là est renfermé un trésor de pierres précieuses qui surpasse tout ce que l'on connaît dans ce genre.

Les douzième et treizème cabinets renferment des tableaux flamands ou autres du même genre, au nombre d'environ 350, parmi lesquels on remarque Vénus au milieu des amours par l'Albane ; une Vierge d'Annibal Carrache ; une autre du Parmesan ; une tête de Méduse par Léonard de Vinci, les trois Grâces de Rubens ; la Vénus au miroir, du même ; des paysages, des marines, des chasses, des mascarades, des perspectives, des scènes champêtres, le portrait de Jean Baptiste Rousseau, par l'Argilière et ceux de Luther et de la seconde femme de Rubens, laquelle servait souvent de modèle à ce peintre.

Le quatorzième cabinet est disposé en forme de bibliothèque. Il comprend dans des armoires les estampes et les dessins. Il y a 70 volumes d'estampes ; les dessins choisis et encadrés sont placés au-dessus des armoires.

Le quinzième cabinet est rempli de vases étrusques ou romains. Il y en a même quelques-uns qu'on croit être venus de la Grèce. Ces vases sont remarquables par la variété des formes, des couleurs et du vernis.

Le seizième cabinet appelé la tribune, est celui où l'on place ce qu'il y avait de plus précieux dans la galerie, parce qu'à cause de sa forme octogone et de sa hauteur, la disposition des jours y est des plus favorables. Le plafond est en forme de coupole, inscrusté de nacre de perles ; les murs sont tapissés de velours cramoisi et le parquet est de différens marbres de rapport.

C'est dans ce salon qu'est la fameuse statue de la Vénus de Médicis, que pendant long-temps on a cru être la Vénus du Guide, par Praxitelle, et puis un chef-d'œuvre du sculpteur grec appelé Cléomène, mais dont on ignore absolument l'auteur. Cette statue de Vénus est la plus belle de toutes celles qui existent.

On ne saurait imaginer une plus heureuse attitude, ni un plus beau choix de nature ; quelques-uns prétendent que les bras et la tête sont modernes. Cette statue fut trouvée à Tivoli dans la Villa Adriani : elle était cassée en cinq endroits différens. Du reste ce qui manquait a été restauré avec beaucoup d'art. Cette Vénus de Médicis que je vis au musée de Paris, où elle avait été transportée, n'était alors pas encore rendue à son ancien possesseur, et à sa place se trouvait sa digne rivale la superbe Vénus accroupie. Aujourd'hui on a la jouissance de pouvoir les y admirer toutes les deux.

On voit dans le même cabinet le Rotateur, statue célèbre qui fut trouvée à Rome dans le 7e siècle ; l'Apollon appuyé, qu'on a comparé à celui du Belvedère ; les lutteurs, groupe fameux, qu'on regarde comme unique dans son genre et qui fut trouvé en même temps que la Niobé et le Faune, figure du meilleur siècle de la sculpture antique.

Parmi les tableaux qu'on a jugés dignes de figurer à côté des chefs-d'œuvre de la sculpture on remarque une vierge de Michel Ange ; c'est le tableau le plus beau, le plus fini de ce grand maître ; une vierge de Léonard de Vinci ; les connaisseurs en font le plus grand éloge ; la purification, de Barthélemi de la Porta, qui fut tout à la fois et le maître et le disciple de Raphaël ; le massacre des innocens, par Daniel de Volterne, tableau qui, par le nombre et la variété des figures, peut être regardé comme une école de dessin ; trois tableaux de Raphaël, où l'on aperçoit les premiers élans du disciple qui va bientôt surpasser le maître ; c'est Virgile qui, après avoir fait ses églogues, s'élève jusqu'aux géorgiques et se prépare à célébrer la ruine de Troye et les courses d'Enée. Un tableau de Rubens qui représente Hercule entre l'Amour et Minerve, excellente composition, beaux effets de lumière, couleurs brillantes, mais naturelles, beaucoup d'harmonie ; une vierge adorant l'enfant Jésus du Corrège, l'émule de Raphaël qui le surpasse dans l'art de rendre les effets du corps, comme Raphaël l'emporte lorsqu'il s'agit de rendre les passions de l'ame ; une sainte famille du Parmesan, d'un style fort grâcieux, mais un peu trop maniéré. Une bacchante d'Annibal Carrache ; elle est vue par derrière et un satyre lui présente une corbeille de fleurs ; c'est un morceau, dit M. Cochin, digne de toute admiration : un saint Pierre, qui

embrasse la croix, de Lanfranco, élève du Carrache, une sibylle du Guerchin que l'on appelle le
magicien de la peinture italienne : en effet son
clair-obscur donne un si grand relief à ses ouvrages que l'on croit voir sortir du fond du tableau,
les corps qu'il représente ; une vierge en contem-
plation par le Guide, dont le pinceau, aussi élégant
que facile, savait si bien imiter l'antique ; l'enfant
Jésus entre plusieurs anges qui lui présentent les
instrumens de la passion par l'Albane, le peintre
des grâces, et une Vénus du Titien qu'on regard
comme la rivale de la Vénus de Médicis ; on prétend que c'est le portrait de sa maîtresse : air de
tête charmant, regard voluptueux , carnation
séduisante, tout concourt à faire illusion.

Le dix-septième cabinet comprend les miniatures
et les objets de sculpture qui par leur petitesse
peuvent figurer avec les miniatures.

Dans les dix-huitième et dix-neuvième cabinets
est une grande collection de tableaux et de statues
antiques parmi lesquels on distingue surtout le
groupe de l'Amour et de Psyché, qui fut trouvé sur
le mont Célius à Rome.

Enfin le vingtième cabinet de cette fameuse

galerie, contient une collection de médailles modernes.

Dans les appartemens qui sont sous la galerie, est une bibliothèque où l'on conserve des manuscrits précieux et des livres très-rares ; cette bibliothèque est ouverte tous les jours.

L'académie de peinture, de sculpture et d'architecture a aussi une salle au premier étage du même bâtiment.

Le palais Pitti communique à la galerie et au vieux palais par une allée couverte ou corridor qui a 250 toises de long. Ce palais est situé sur une place qui le laisse à découvert. L'architecture de sa façade et de ses deux ailes, quoique simple et un peu rustique, a cependent quelque chose d'assez majestueux. Les appartemens en sont décorés avec la plus grande magnificence. Dans le grand salon qui est au rez-de-chaussée on voit huit tableaux imitant des bas-reliefs de marbre blanc, qui sont peints à s'y tromper. Le surplus des murs de ce salon est réparti en dix grandes fresques, dont les sujets allégoriques méritent de fixer l'attention des connaisseurs sous le rapport de l'invention et de la composition. On monte au premier étage par un bel escalier ; là sont plusieurs salons désignés par les noms de Vénus, d'Apollon, de Mars, de Jupiter et d'Hercule et dont les plafonds sont ornés de peintures les plus gracieuses ; il y a encore ici un grand nombre de tableaux originaux des plus célèbres artistes.

Le jardin du palais est du côté du midi ; il a plus de 500 toises de long et offre la plus grande variété : on y trouve du gracieux et du sauvage ; de grandes allées et de petits bosquets, des parterres de fleurs et des gazons champêtres, des pavillons, des grottes, des statues et une espèce de théâtre où l'on a donné autrefois des fêtes. La fontaine qui est à l'extrémité de la grande allée, est surtout remarquable par un bassin de granit qui a plus de vingt pieds de diamètre ; au-dessus est une statue de Neptune plus grande que nature avec trois fleuves assis à ses pieds qui versent de l'eau à grands flots. Le muséum de Florence renferme tout ce qui a rapport à la physique, aux mathématiques et à l'histoire naturelle : il est au midi du palais Pitti, comme la galerie est du côté du nord, ce qui a fait dire que ce palais est entre les trésors de l'art et ceux de la nature.

Au rez-de-chaussée, on a réuni dans une grande

salle les diverses productions de la Toscane : on y a aussi établi un laboratoire de Chimie. Deux salles du premier étage contiennent les plus grands animaux, quadrupèdes, poissons, oiseaux, os, cornes etc., et une bibliothèque de livres relatifs à la physique, aux mathématiques et à l'histoire naturelle. Dans les autres salles du même étage, on voit les instrumens, machines et modèles qui servent à expliquer la théorie et à faciliter la pratique des opérations relatives à l'hydraulique, à l'électricité, à l'aimant, à l'optique et aux mathématiques.

Au second étage est un appartement composé d'environ 30 pièces destinées à l'anatomie et à l'histoire naturelle : ici l'on trouve des préparations anatomiques qui frappent par l'exactitude avec laquelle elles sont imitées ; là, c'est une collection d'oiseaux la plus belle qui existe ; plus loin la vue se perd et se lasse en parcourant la suite graduée des poissons, des reptiles, des insectes, des coquilles, des polypiers, des graines, des gommes, des résines, des bois, et de tout ce que les règnes animal et végétal offrent de plus singulier et de plus curieux ; enfin à ces riches collections, il faut ajouter celles des minéraux et des pierres précieuses. L'observatoire qui fait une dépendance de ce muséum est disposé de la manière la plus commode et muni des plus beaux instrumens d'astronomie.

Après le palais Pitti, les plus remarquables sont ceux de Strozzi, Corsini, Riccardi, Capponi, Salviatti, Brunaccini, Rucellai, Buonarotti, Altoviti et Mozzi.

La bibliothèque de S^t. Laurent, connue sous le nom de Medico Laurenziana, est surtout célèbre par les manuscrits qu'elle contient : ces manuscrits sont au nombre d'environ 4,000.

La ville de Florence a plusieurs théâtres : le plus grand est celui de la Pergola, bâti en 1755. La salle est bien disposée : elle a quatre rangs de loges, qui sont construites en briques, sage précaution, qu'on devrait prendre ailleurs pour prévenir les incendies.

On est assis au parterre et il n'y a point d'amphithéâtre.

Comme Florence a toujours été la patrie des beaux-arts, et que c'est dans son sein qu'après plusieurs siècles de barbarie, ils ont repris une nouvelle vie, riche des monumens antiques qu'elle possède, il paraît que le luxe moderne n'est pas celui qui a inspiré le plus d'intérêt; aussi n'y voit on pas de belle promenade pour les carosses, qui dans l'été sont obligés d'aller à la porte S^t. Gallo ou à la porte romaine.

A la gloire d'avoir puissamment contribué à la renaissance des arts, Florence joint le mérite d'avoir conservé la langue italienne dans toute sa pureté. Le grand dictionnaire de son accadémie de la Crusca sera sans doute toujours regardé comme le premier dépôt de cette langue. Ce n'est pas qu'à Florence, ainsi que dans le reste de l'Italie, le peuple et les gens qui n'ont point fait d'étude, ne fassent usage de quelques mots impropres et de quelques façons de parler vicieuses ; mais outre les académiciens et la cour, la plupart des habitans y parlent purement l'italien. Seulement leur prononciation n'est pas aussi agréable, ni aussi naturelle que celle des Romains, d'où vient le proverbe : « Lingua toscana, in bocca romana. »

Florence a produit plusieurs personnages illustres, soit dans les sciences et les lettres, soit dans les arts ; les plus connus, sont Améric Vespuce, dont les voyages et les découvertes au nouveau monde, ont fait donner son nom à l'Amérique ; Machiavel si célèbre par ses livres de politique ; Galilée qui fit de si belles découvertes en Astronomie et dont les ouvrages sont remplis de vérités nouvelles ; Le Dante, qu'il suffit de nommer ; Bocace, Pétrarque, Michel Ange, Luli, Accurce, André del Sarto, Leonard de Vinci, Leon-Baptiste, Alberti ; ajoutons six papes, et une foule de cardinaux.

Les étrangers qui voyagent en Italie, ne trouvent nulle part autant d'agrément que dans la ville de Florence ; la société y est aussi intéressante qu'aisée.

Les femmes ont de si belles couleurs et des traits si réguliers, qu'il est impossible de n'en pas être frappé au premier coup-d'œil : à une physionomie noble, elles joignent un air de coquetterie tout-à-fait séduisant. Du reste, elles observent des égards dont ailleurs on sait bien se dispenser.

L'habillement des dames est un mélange de modes françaises et de celles des autres peuples, qui donnent le ton en Europe ; en sorte qu'aux promenades et dans les églises on croit être à une fête de bal. Les bourgeoises portent des casaquins qui leur serrent la taille et se boutonnent depuis le col jusqu'à la ceinture. Leur coiffure est un espèce de cornette en papillon. A l'égard des filles, elles ne sortent jamais qu'elles n'aient sur leur coiffure, un petit voile de gaze noire et transparente, rabattu sur le visage et qui descend presque jusqu'au menton. L'ajustement des paysannes, quoique simple, ne laisse pas que d'être charmant. Il se compose de jupes courtes et légères, ordinairement bleues ou couleur d'écarlate; des corps sans manches et tout autour des épaulettes de ces corps, de longs rubans de diverses couleurs qu'on laisse flotter au gré des vents; de quelques fleurs sur la gorge et parfois mêlées aux cheveux nattés en rond derrière la tête, et de petits chapeaux de paille mis un peu sur l'oreille, moins pour garantir du hâle que pour servir de relief à leur physionomie intéressante. Tout cela respire l'élégance, et annonce un certain esprit de coquetterie dont les Contadines ne sont pas toujours exemptes. Quant à cette extrême jalousie, qu'on attribuait aux Florentins, et dont on a tant parlé dans les contes et les romans du dernier siècle, il faut aujourd'hui la ranger dans la classe de ces fictions auxquelles la prévention donne cours et que trop souvent la malignité cherche à accréditer. Cette aménité de caractère et de manières engageantes qu'on remarque dans les sociétés de Florence sont bien capables de préserver ses habitans, de ces accès de jalousie qu'on ne trouve plus que chez les peuples encore plongés dans la barbarie.

Autrefois le commerce de Florence était fort considérable; mais après le passage aux Indes, par le cap de Bonne-Espérance et la découverte de l'Amérique, la concurrence des Espagnols, des Portugais et des Hollandais causa un grand préjudice à ce commerce.

Florence a cependant encore quelques manufactures en laines ; ses fabriques de soie, jadis si célèbres, ont toujours beaucoup de réputation : on y fait des tafetas, des damas, et même des velours. Les productions territoriales sont aussi une principale branche de son commerce ; les plaines de la Toscane abondent en blé ; on y voit de très-belles plantations de mûriers et d'oliviers ; les fruits y sont excellens ; les cédrats et particulièrement ceux de Florence ont le parfum le plus suave ; on fait beaucoup de cas des vins qu'on y recueille, le rouge est un peu gros, mais le blanc est fin et délicat. Les quintessences qu'on retire des fleurs de jasmin et de l'oranger qui y sont très-communs, ont beaucoup de débit. Cependant il faut dire : si un sol fertile et cultivé par un peuple industrieux offre de grandes ressources, les vents et les inondations nuisent singulièrement à cette riche culture. Le Siroco ou le vent du S. E. brûle les herbages, les feuilles et les tiges faibles. Les animaux, les hommes languissent en respirant les vapeurs brûlantes que ce vent apporte sur la Toscane.

De l'autre côté, les eaux qui descendent de l'Apennin, ravagent les champs, déracinent les arbres, renversent les habitations, et charrient encore dans la plaine des sables, des graviers et des pierres qui la laissent long-temps stérile. Il semble néanmoins que la nature a voulu en quelque sorte dédommager les habitans de ce pays des pertes que ses phénomènes lui causent : les montagnes dont ils sont environnés, leur offrent des mines de fer et même d'argent, de l'albâtre, du porphyre et des carrières de marbre de toute espèce.

Peu de souverains ont autant de maisons de plaisance que le grand duc de Toscane. Nous avons parlé de Pratolino, qu'on aperçoit à peu de distance de la route de Bologne ; donnons ici une idée sommaire de Poggio impériale ou Villa imperiale qui est le séjour favori du prince. Pour y aller on sort de la ville par la porte romaine et on entre dans une belle allée de chênes verts et de cyprès. Cette allée a environ une petite demi lieue de long. Quand on est au bout, on trouve une grande pièce de gazon en demi cercle, ou une grande cour en fer à cheval environnée d'une simple balustrade. Des deux côtés de l'entrée, sont des figures de marbre ; l'une réprésente un Atlas assis qui porte un globe et l'autre un Jupiter lançant la foudre.

La maison est dans une situation charmante, le bâtiment est considérable et distribué commodément ; cependant l'extérieur est très-simple. Dans l'intérieur il y a une petite cour décorée d'ordre dorique et ionique avec des ovales en forme de niches où sont des bustes de très-bon goût.

Le jardin est uniquement destiné pour les fleurs et environné d'un bel espalier de citronniers. Les allées du parterre sont pavées de petits cailloux noirs et blancs, rangés en compartimens. On descend un escalier pour aller voir une grotte composée de coquillages et de rocailles : il y a au fond de cette grotte une nymphe en marbre, debout ; au-dessus de sa tête, on fait aller un jet d'eau en soleil tournant, qui produit un si joli effet qu'on croit voir la tête de la figure au travers d'un éventail de nacre. La grotte, ainsi qu'une allée de rocailles dont elle est précédée, est pleine de petits jets d'eau qui s'échappent de toutes parts.

Il est difficile de quitter Florence sans réfléchir sur cet état permanent de prospérité qui paraît être son partage. Florence est presque la seule ville d'Italie, qui a conservé son antique splendeur et sa population.

Quelle cause a pu produire un si heureux résultat ? l'esprit n'est pas long-temps incertain sur cet intéressant problème ; le secret des Médicis s'est transmis d'âge en âge jusqu'au grand duc régnant ; tous ces princes ont encouragé les arts, protégé le commerce et garanti la liberté individuelle, et c'est ainsi que Florence a résisté à la rouille des siècles et conjuré ces revers de fortune qui sont l'effet ordinaire des révolutions.

§ XVIII.

COUP-D'ŒIL SUR LE SOL DE LA TOSCANE.

Pour concilier les différentes opinions des voyageurs, dont les uns ont fait le tableau le plus séduisant de la beauté et de la richesse du territoire de la Toscane, tandis que les autres ont employé les couleurs les plus sombres pour représenter ce pays comme peu favorisé de la nature, il nous suffit de faire remarquer que ces voyageurs ne sont divisés dans leurs opinions que faute d'avoir jeté un coup-d'œil général sur une contrée dont ils n'ont parcouru et observé que quelques parties.

La région apennine comprend les deux sixièmes de toute l'étendue de la Toscane ; cette région ne présente que des vallons ruinés par les eaux, des amas de débris, des pentes boisées et des parcours sauvages ; cependant les cimes des monts y sont moins élevées que dans les autres parties de la chaîne des Apennins ; les pentes y sont moins roides, les pâturages plus frais et les vallons plus peuplés.

Trois autres sixièmes occupent la région connue sous le nom de Maremme, ou pays de mauvais air. C'est cette région dont Sienne peut être regardée comme la capitale, et qui s'étend jusques au bord de la mer et à l'état ecclésiastique ; contrée malsaine, ignorée et sauvage, que la nature semble avoir frappée de mort et de stérilité, et qui partout laisse entrevoir l'empreinte d'un temps plus heureux et d'une prospérité évanouie.

La région la plus productive et la plus agréable de la Toscane, se borne donc à un sixième de son étendue, c'est-à-dire à ce superbe bassin arrosé par l'Arno, dont Florence occupe le centre, et qui d'un côté comprend la vallée de Chiana et de l'autre s'étend jusqu'à Pise ; c'est un beau bassin, qu'on regarde avec juste raison comme un Elysée terrestre.

Il suit de ce que nous venons de dire, que la

route de Florence à Pise, qui suit constamment la rive gauche de l'Arno, traverse la partie la plus productive et la plus agréable du territoire de la Toscane. Les petites villes ou bourgs qu'on voit répandus le long du cours de l'Arno, ont un caractère de splendeur, qui en général n'appartient guère qu'aux grandes cités. La route est presque partout bordée de maisons villageoises, bâties en briques et auxquelles l'architecte a su donner une justesse de proportion et d'élégance de formes ailleurs presque inconnues. Là, on fait des urnes et autres ouvrages de poterie, qui imitent parfaitement l'antique. On prétend que ces manufactures subsistent depuis le temps des anciens Etrusques.

C'est aussi sur les bords enchantés de l'Arno, qu'on voit de charmans et nombreux groupes de jeunes paysannes vêtues de linges blancs et d'un corset de soie avec un chapeau de paille orné de fleurs et penché sur la tête; elles sont sans cesse occupées à tresser ces nattes fines, trésor de la vallée dont ont fait les chapeaux de paille de Florence.

Cette fabrication est devenue la source de la prospérité du pays; elle rapporte annuellement 5 millions, qui se répartissent uniquement entre les femmes; car les hommes ne se mêlent en rien de cette industrie. Chaque jeune fille achète pour quelques sols la paille dont elle a besoin ; elle met son talent à la tresser aussi fin que possible , et vend elle-même et pour son profit, les nattes qu'elle a fabriquées ; l'argent qu'elle en retire, forme à la longue sa dot. Le père de famille a droit cependant d'exiger des femmes de sa maison un certain travail rustique, et il reçoit ce travail par des ouvriers de la montagne, que les filles de la plaine paient sur le produit de leurs nattes.

Elles gagnent en effet de 30 à 40 sols par jour en tressant leur paille, tandis que pour 8 à 10 sols, elles salarient une pauvre femme de l'Apennin. Elles savent d'ailleurs que les travaux champêtres endurcissant leurs mains, ôteraient à leurs doigts l'agilité nécessaire à la finesse de leur travail.

Telles sont ces paysannes de la vallée de l'Arno, dont les voyageurs ont célébré les grâces et la beauté, dont Alfieri allait étudier le langage, et qui semblent en effet nées pour embellir les arts, comme pour leur servir de modèles : ce sont plutôt des bergères d'Arcadie, que des paysannes ; elles n'ont de celles-ci que la santé et l'insouciance, et n'en connaissent jamais les peines, le hâle, la fatigue. La récolte de deux arpens de terre, suffit pour fournir toute la paille que la fabrication des chapeaux consomme en Toscane; cette paille est celle d'un froment sans barbe, coupée avant son entière maturité et dont la végétation a été étiolée par la stérilité du sol, qu'on choisit dans les collines calcaires; ce sol n'est jamais fumé et l'on sème fort épais.

CHAPITRE III.

(B) *Route de Florence par Sienne , Viterbe et Rome , &*
Naples, suivie par le corps du lieutenant - général
comte Nugent.

§ XIX.

ROUTE DE FLORENCE A SIENNE.

De Florence à Rome, on compte 52 lieues. La
route la plus directe est celle qui passe par Sienne,
Aquapendente, Montefiascone et Viterbe. Cette
route se fait entièrement dans l'Apennin, que l'on
retrouve presque au sortir de Florence ; elle est
construite avec soin et assez bien entretenue, mais
malgré cela, peu commode : on ne fait que monter
ou descendre, sur des pavés fort durs parce qu'il
a été impossible d'établir des chaussées sablées
comme dans le pays-plat, d'abord faute de gravier
et puis à cause de la mobilité du terrain, qui après
les fortes gelées ou les grandes pluies, s'éboule
facilement.

Quoiqu'en général le pays qu'on traverse pour
se rendre à Sienne ne puisse être comparé à la riante
vallée de l'Arno, il ne laisse pas que d'être assez

fertile et bien cultivé : son aspect est rustique, mais n'a rien de sauvage. On y voit de jolies maisons de campagne avec des avenues de Cyprès ; la base des montagnes est couverte de vignes et d'oliviers ; du reste peu de pâturages, aussi ne tient-on que le bétail nécessaire pour le travail des terres. La partie du sol qu'on n'a pu cultiver, soit à cause de sa pente trop rapide, soit parce qu'elle se trouve dans le voisinage des torrens, est occupée par des bois de pins et de cyprès. L'air de cette contrée est tempéré et les habitans n'ont rien de grossier dans la physionomie. On passe plusieurs ruisseaux les uns à gué, les autres sur des ponts ; ces ruis-seaux paraissent peu considérables : mais dans le temps des pluies de l'automne et au commence-ment du printemps, ils se changent en torrens fu-rieux qui arrêtent souvent les voyageurs.

Poggibonzi qu'on rencontre à sept lieues de Florence, est un gros bourg situé au pied d'une colline : ses habitans sont industrieux et manu-facturiers ; de là on aperçoit à la droite et à peu de distance Volterra petite ville assez remarqua-ble par plusieurs monumens qui attestent son an-tiquité ; ses murailles sont de construction étrusque. On trouve dans les environs des eaux minérales, de riches carrières de pierres dures, des charbons fossiles et des albâtres, les uns très-blancs, les autres colorés ; de ces albâtres, on fait des vases et divers morceaux de sculpture sur des modèles étrusques qu'on a découverts dans le pays et dont plusieurs particuliers possèdent des collections considérables.

Après Poggibonzi, on traverse pendant un assez long espace, une forêt, dont l'intérieur, coupé par de profonds ravins, ressemble presque à un désert : cependant à environ deux lieues de Sienne les montagnes s'abaissent et l'on jouit de divers points de vue très-pittoresques.

Remarquons que quoique les montagnes de l'Apennin présentent quelques sites, qui se refusent à la culture, on y voit néanmoins quantité de buissons ardens, de cyprès, de lauriers et autres arbustes toujours verts, qui en rendent l'aspect assez agréable, même pendant l'hiver

§ XX.

SIENNE.

Sienne est une des principales villes de Toscane, située dans les montagnes de l'Apennin à 12 lieues de Florence, et à 40 de Rome. C'était, selon quel-

ques auteurs, une ancienne ville des Etrusques :
d'autres attribuent sa fondation aux Gaulois séne-
nois, lorsqu'ils pénétrèrent en Italie, sous la conduite de Brennus, 591 ans avant J. C. Quoi qu'il en
soit de cette origine, il est certain que, sous l'empire d'Auguste, Sienne fut érigée en colonie romaine et appelée Sena Julia du nom de Jules César.

Cette ville a été célèbre dans le moyen âge par
sa population, par son industrie, par son commerce et par son amour pour la liberté. Après la
chute de l'empire romain, elle forma une république indépendante qui se soutint long-temps contre les forces de Florence et de Pise, ses rivales, et
remporta des victoires signalées.

Dans le 12ᵉ siècle, quelques nobles voulurent
s'emparer du gouvernement de Sienne ; mais le
peuple s'y opposa, et, jaloux des droits qu'on voulait lui ravir, il en conserva du moins une partie.
On prit un étranger qui, sous le nom de Podestat,
fut chargé du militaire et des affaires criminelles.

Cependant en 1487 un simple citoyen, homme
méchant, ambitieux, rempli d'astuce et d'adresse
ayant été nommé membre du conseil, usurpa toute
l'autorité et fut véritablement le tyran de sa patrie.
C'est cet homme appelé Pandolfo Petrucci que Ma-

-chiavel a peint comme le modèle des usurpateurs.
Les descendans de Pandolfo succédèrent à son
pouvoir jusqu'à ce que leur faiblesse ne leur per-
mit plus d'étouffer les divisions qui commencèrent
entre les nobles et le peuple. Les Français et les
Espagnols profitèrent de ces divisions et s'emparèrent successivement de Sienne. Enfin Philippe II,
roi d'Espagne, céda cette ville à Come I grand-
duc de Toscane, et depuis 1557 Sienne fait partie de cet état, malgré les protestations que ses
habitans ont la coutume de faire chaque année,
en prêtant le serment de fidélité. Dès que Sienne
cessa de se gouverner d'après ses propres lois, on
la vit décheoir de sa première splendeur. Sa population et son commerce disparurent. En 1326, elle
comptait 150,000 habitans et à peine en a-t-elle
actuellement 32,000; savoir, 17,000 pour la ville,
et 15,000 pour les faubourgs.

Quoique Sienne soit une ville fort ancienne, il
n'y existe d'autres monumens d'antiquité que quelques murs et quelques tours qui paraissent avoir été
bâtis du temps des Etrusques; des grottes, des caves,
des conduits souterrains pratiqués dans l'intérieur
de la montagne. On y a trouvé néanmoins beaucoup d'urnes funéraires, de tombeaux et d'inscriptions.

La ville est située sur le penchant d'une montagne et par conséquent sur un sol fort inégal. Les rues sont pavées, les unes de grandes pierres unies, et les autres de briques posées de champ. La disposition de ces rues est telle que la plupart sont dirigées vers le centre de la ville : on ne peut y aller en voiture ; on monte et l'on descend continuellement.

Les tours qui s'élèvent du milieu de la ville et qu'on aperçoit de fort loin, faisaient partie des palais des nobles et étaient autrefois des marques de distinction. Les maisons sont, en général, d'une architecture gothique ; il y en a cependant quelques-unes bâties dans le goût moderne et qui ne manquent pas d'agrément. Plusieurs de ces maisons qui se trouvent adossées à la montagne, ont des jardins aussi élevés que les croisées, ce qui procure des points de vue très-agréables.

La porte romaine, construite en 1521, est un monument vraiment majestueux. La citadelle que Come I fit élever en 1560 pour s'assurer de sa conquête, est régulière et assez forte pour contenir une ville qui n'a pas une grande population.

La cathédrale, il Duomo, est de tous les édifices publics, le plus considérable : elle est bâtie sur une petite élévation et domine une place qui l'entoure de trois côtés.

La place del Campo où est l'hôtel de ville, qui a 1056 pieds de tour, est ovale, pavée avec des briques de champ et des pierres en compartimens, bordée de boutiques et de bâtimens anciens avec de petits portiques dans le genre gothique et dans un tel enfoncement qu'on la prendrait pour un bassin destiné à des naumachies : onze rues y aboutissent ; on y donne, toutes les années, des fêtes et des jeux qui attirent beaucoup de monde. Sur cette place est une belle fontaine de marbre avec des bas-reliefs qui représentent les vertus théologales, la création d'Adam et d'Eve, et leur expulsion du paradis terrestre. Près de cette même place, on voit une colonne de granit sur laquelle est une louve qui allaite Rémus et Romulus, groupe en bronze doré : on croit que cette colonne appartenait à un temple de Diane : à quelques pas de là, est une chapelle de la vierge, en marbre, ouverte en forme de portique : elle fut fondée à l'occasion de la peste de 1348. La grande tour, à laquelle cette chapelle est adossée, passe pour avoir 270 pieds d'élévation.

Du haut de cette tour, on découvre, non seulement la ville et ses environs, mais encore la chaîne des Alpes, qui paraît comme un nuage dans le lointain.

La fontaine, appelée Fonte Blanda, est très-utile, par la quantité et la bonté de son eau : c'est de cette fontaine que parle Le Dante dans le 3ᵉ chant de son enfer; « se io vedessi » etc.; elle est dans la rue de l'Oca de laquelle tirait son nom un Capucin apostat, appelé Bernardino Occhiano qui a composé un ouvrage très-singulier, intitulé : les Labyrinthes de la liberté.

Le palais public ou l'hôtel de ville, Palazzo degli Eccelsi on de Signori, est un grand édifice isolé de tous côtés, bâti, partie en pierres de taille, et partie en briques.

Il est orné de portiques où l'on peut se promener; l'intérieur se compose de plusieurs salles décorées d'une prodigieuse quantité de peintures relatives à l'histoire de Sienne.

L'ancienne salle du conseil devenue inutile lorsque la république prit fin, fut convertie en salle de spectacle. Ce théâtre brûla en 1751; on le fit reconstruire. La nouvelle salle, de forme ovale, est belle et commode; elle a quatre rangs de loges; mais les peintures de ces loges, sont très-communes.

Sienne a produit plusieurs hommes célèbres ; elle compte sept papes et un grand nombre de saints. C'est la patrie de Gratien, de Mathiole et des trois Socin , l'un desquels fut le principal chef de la scete des Sociniens. Cette ville a eu plusieurs académies dont quelques-unes ont beaucoup contribué au progrès des sciences et des arts en Italie.

C'est là qu'on trouve véritablement *lingua toscana in bocca romana*, c'est-à-dire, la pureté de la diction de Florence, réunie à la douceur de la prononciation des Romains ; voilà pourquoi on conseille aux étrangers qui veulent apprendre l'italien de séjourner dans cette ville.

Les femmes y sont généralement belles ; la blancheur de leur teint est relevée par les plus vives couleurs. Elles ont, ou du moins elles affectent beaucoup plus de retenue que partout ailleurs, et en cela on peut dire qu'elles entendent mieux leurs intérêts : ce n'est que dans leurs maisons de campagne qu'elles paraissent être un peu plus libres ; aussi aiment-elles à y passer la belle saison.

Le territoire de Sienne renferme des campagnes riantes et bien cultivées ; le sol étant élevé de 127 toises au-dessus du niveau de la mer, l'air qu'on y respire est très-pur. Il n'en est pas de même de la partie de ce territoire qui s'étend du côté de l'île d'Elbe, de l'embouchure de l'Ombrone et de l'état Ecclésiastique ; ce pays connu sous le nom de Maremme est fort mal sain ; il était jadis couvert de villes très-peuplées ; mais ces villes ont disparu : les guerres du moyen âge et la tyrannie des seigneurs particuliers convertirent en désert une côte, qui, pour être très-productive n'aurait besoin que de bras pour la cultiver.

§ XXI.

ROUTE DE SIENNE A ROME PAR RADICOFANI, AQUAPENDENTE, BOLZÈNE, MONTEFIAS-CONE, VITERBE ET RONCIGLIONE.

La route de Sienne à Buon Convento est presque partout montueuse et par conséquent peu commode ; le pays qu'on traverse, naturellement aride, ne répond que faiblement aux soins du cultivateur. Buon Convento est un village à cinq lieues de Sienne, situé au pied d'une montagne et sur le bord d'un ruisseau ; il est célèbre dans l'histoire des Guelfes et des Gibelins, parce que l'empereur Henry VII y mourut et qu'on prétendit que ce prince avait été empoisonné par un père dominicain, dont il venait d'entendre la messe.

De Buon Conventno à San Quirino, distance de

quatre lieues, la route est aussi mauvaise ; ce sont des montées et des descentes continuelles sur un pavé qui fatigue à-la-fois et les voitures et les voyageurs.

La contrée paraît un peu sauvage ; cependant on y voit quelques plantations de mûriers et d'oliviers. San Quirino est un très-gros village ; il y a un palais et quelques maisons assez belles.

De San Quirino à Radicofani, on compte cinq lieues ; route encore plus difficile et dont quelques parties sont excessivement roides et quelquefois très-escarpées ; pays inculte et presque inhabité. Cette montagne de Radicofani, nommée proprement le St. Salvatore, et située entre le Monte di Cetona et le Monte Amiata, est un des points les plus élevés de l'Apennin.

Le château de Radicofani qui est la dernière place de la Toscane du côté de l'état Ecclésiastique est situé sur un rocher escarpé ; au bas du rocher, est le bourg de Radicofani entouré de murailles, dont la construction paraît très-ancienne. Les maisons de ce bourg sont bâties d'une pierre brune, sans goût, sans symétrie ; en voyant la figure des habitans et leur habillement, on croit être au milieu des montagnes de la Savoye ; l'air y est très-vif et presque toujours froid. A un quart de lieüe environ au-dessous de Radicofani est une auberge, où s'arrêtent les passans qui, pour l'ordinaire, sont peu curieux de gravir le sentier qui conduit au bourg. La partie de la montagne qui regarde du côté de l'état Ecclésiastique se trouvant plus heureusement exposée, est cultivée avec plus de soin et assez productive.

De Radicofani jusqu'à Ponte Centino la route suit une pente si rapide, que du haut de la montagne, Ponte Centino paraît être au fond d'un abîme. Après cette rude descente, on marche quelque temps dans un vallon presqu'entièrement occupé par le lit du torrent de la Paglia, puis on monte insensiblement pour arriver à la ville d'Aquapendente qui est à quatre lieues de Radicofani.

Aquapendente n'était anciennement qu'un château de peu de conséquence autour duquel il y avait quelques habitations. Le pape innocent X y ayant transféré le siége épiscopal de la ville de Castro dont les habitans avaient assassiné l'évêque, cet événement fit qu'Aquapendente prit, avec titre de ville, une certaine consistance.

Les maisons où résident le gouverneur, les officiers de justice et l'évêque sont bien bâties. Aqua-pendente tire son nom d'une cascade très-abon-dante, qui tombe avec fracas du rocher sur lequel cette ville est bâtie. On avertit ordinairement les voyageurs qui passent par Aquapendente, de se tenir sur leurs gardes et de se défier des habitans de cette ville, dont plusieurs ne se font aucun scrupule de dévaliser les étrangers, lorsqu'ils croient pouvoir le faire sans risque, car heureusement ils sont aussi poltrons que voleurs.

A deux lieues d'Aquapendente on trouve le village de Lorenzo, bâti sur le penchant d'une colline et à pareille distance de la petite ville de Bolzène, qui est presque entièrement ruinée; elle est du nombre de ces villes dont le nom historique parle encore à l'imagination, mais qui ne parais-sent plus être que les mausolées des générations passées, auprès desquels de tristes habitans s'obs-tinent à séjourner, comme pour leur rendre une espèce de culte. Bolzène passe pour avoir été l'an-cienne capitale des Volsques ; elle est située sur un lac du même nom et qui a environ trois lieues de diamètre : ce lac est très-poissonneux, les eaux en sont limpides, mais lorsqu'il est agité, la navi-gation y est fort périlleuse. Au milieu du même lac sont deux petites îles, appelées, l'une Pessentina et l'autre Martana. C'est dans celle-ci que Théodat fit conduire et étrangler Amalazonte reine des Goths, sa cousine, et fille de Théodoric ; il en fut puni par Vitiges, son général, qui le fit périr et s'empara du trône.

La route de Bolzène à Montefiascone est assez bien entretenue : elle se fait sur un terrain sablon‑ neux léger et facile à travailler. Avant d'arriver à Montefiascone, qui est à deux lieues de Bolzène, on traverse un bois de chênes à haute futaie, très-touffu, et qu'on ne coupe jamais par un excès de vénération pour sa rare antiquité, préjugé des gens du pays qui sera cause que ce bois périra enfin de vétusté.

Montefiascone est une petite ville située sur une colline fort élévée, près du lac de Bolzène ; elle n'est ni bien bâtie, ni fort peuplée ; son vin muscat qui passe pour un des meilleurs d'Italie est connu sous le nom d'Est, à cause d'une aventure assez plaisante. Dans ses voyages, un Allemand d'Augs‑ bourg, appelé Jean Defoucris, qui aimait beau‑ coup le vin, se faisait précéder par un valet qui, s'il trouvait du vin passable, ne manquait pas d'écrire en gros caractère sur la porte du cabaret ; Est : si le vin était bon, le valet redoublait le mot : Est.

Arrivé à Montefiascone, Jean Defoucris s'y arrêta en voyant le signal : Est, Est ; il trouva le vin si bon et en prit une si forte dose, qu'il en mourut. Son valet lui fit cette épitaphe :

Propter nimium Est, Est,
Dominus meus mortuus est.

En sortant de Montefiascone on trouve une route assez commode ; mais l'aspect de la campagne qu'on traverse, a quelque chose de triste parce que le temps n'a pu encore améliorer et couvrir de la dépouille des végétaux, la lave des anciens volcans dont tout le pays a été bouleversé. Avant d'arriver à Viterbe, qui est à deux lieues de Montefiascone on voit sur la droite un lac d'eau chaude qui exhale une odeur sulphureuse.

Viterbe est une ville d'environ 10,000 habitans, située au pied du mont Cimino, entourée de murailles et flanquée de tours, qui font qu'on l'aperçoit de fort loin. Les uns prétendent qu'elle est bâtie dans l'endroit ou était l'ancienne Volterna, capitale de l'Etrurie ; d'autres lui donnent pour fondateur Didier, roi des Lombards ; et cette origine paraît constatée par deux inscriptions qu'on conserve dans l'hôtel de ville. Viterbe est bien bâtie ; la place principale est entourée de portiques ; les rues sont régulières et pavées de larges dalles ; il y a de belles fontaines, et la ville est environnée de jardins. On voit dans la cathédrale, les tombeaux des papes Jean XXI, Alexandre IV, Adrien V, et Clément IV ; et dans l'église de Ste Rose, le corps de cette sainte, qui y est conservé tout entier. C'est dans le couvent des Dominicains de cette ville qu'habitait autrefois le père Ennius de Viterbe, si fameux par ses impostures littéraires, et qui se faisait une étude de tromper les savans. A une demi-lieue de la ville sont des bains d'eaux minérales qui ont beaucoup de réputation.

Autrefois, en sortant de Viterbe la route gravissait la montagne appelée le mont Cimino, montagne très-élevée et qui se joint du côté du nord à d'autres montagnes qui font une ramification de l'Apennin. La nouvelle route construite dans une autre direction, est très-belle. Quoique cette partie de la montagne se compose aussi de matières volcaniques amoncelées sans ordre, elle est néanmoins couverte d'arbres de différentes espèces et tapissée de gazons, de plantes odoriférantes qui parfument l'air qu'on y respire : cependant les bois abandonnés aux soins de la nature ont une végétation trop riche, pour servir, comme en Toscane, au parcours des troupeaux ; l'œil n'en peut percer la profondeur.

Avant d'arriver à Ronciglione qui est à cinq lieues de Viterbe et à onze de Rome ; on côtoye ce lac de Vico qui a environ une demi-lieue de diamètre ; son bassin à la forme d'un entonnoir et ses bords sont couverts de lave.

C'est de ce lac que parle Virgile quand il rappelle les Falisques conduits par Messapus : « *et Cimini cum monte lacum, etc.* » Enéide liv. 7. Une ancienne tradition porte qu'à l'endroit où est le lac Vico, il y avait autrefois une ville qui fut abîmée sous les eaux ; il y a même des auteurs qui ont écrit que quand l'eau est claire on aperçoit des ruines au fond du lac.

Ronciglione où l'on arrive sur une belle route terminée par un arc de triomphe, est une petite ville riche et bien peuplée. La principale rue est assez belle quoique les maisons soient bâties en tuf. Le château où l'on ne peut entrer que par un pont fort étroit, a l'air d'une prison.

C'est à Ronciglione et au pied des montagnes de Viterbe que commence cette plaine célèbre qui entoure la ville de Rome et qui n'est bornée que par la mer et par une enceinte de montagnes, dont les hauteurs forment une espèce d'amphithéâtre depuis le mont de Circée jusqu'à ceux de l'ancienne Etrurie ; cette plaine de trente lieues de

de long sur dix ou douze de large, n'offre point
une surface unie et nivelée par les eaux ; c'est une
suite non interrompue d'ondulations, qui n'ont
point de direction commune : aucune de ces collines n'est assez élevée pour se signaler entre les
autres, et toutes ensemble bornent cependant la
vue, de manière que l'espace ne se découvre qu'à
mesure qu'on la parcourt. Les vallons qui séparent
les collines dans la campagne de Rome, qu'on
désigne aujourd'hui par le nom d'Agro romano,
ne sont ni rapides, ni profonds ; ce sont des pentes
adoucies par le temps, la culture et l'éboulement
des terres.

Les arbres sont rares dans toute cette plaine.

Après Ronciglione, on ne trouve sur la route
que quelques auberges ou maisons de poste ; celles
de Baccano et de la Storta sont bâties avec une
espèce de somptuosité qui seule au milieu du
désert dont on est environné, révèle au voyageur
qu'il se trouve dans le voisinage de Rome, voisinage que rien d'ailleurs ne pourrait lui faire soupçonner jusqu'au moment où, parvenu sur le Monte
Mario il découvre à-la-fois le Tibre et les sept collines avec tous leurs dômes et leurs églises au-dessus
desquels s'élève la croix de la basilique de St Pierre.

En approchant de Rome, on suit l'ancienne voie Flaminia. Il est difficile de ne pas s'attrister de l'instabilité des choses humaines, lorsque sur ces chemins, où jadis de tous les coins de l'univers les rois et les nations accouraient, où roulaient les chars de triomphe, on ne rencontre plus, dans cette vaste solitude, que des pélerins et des mendians.

Enfin, après avoir traversé cette plaine déserte, aussi inculte que silencieuse, on passe le Tibre sur un pont appelé Ponte Molle et qui portait autrefois le nom de Pons Emilius parce qu'il avait été bâti par Emilius Scaurus. Ce pont est célèbre par la bataille que Constantin donna au tyran Maxence qui se noya dans ce fleuve. La tour a été percée au milieu et réduite en forme d'Arc par Pie VII. De ce pont l'on n'est plus qu'à une lieue de Rome où l'on entre par la porte du peuple.

Je n'entreprendrai point de donner ici une description de Rome, pas même une simple esquisse de ce que Rome offre de plus intéressant.

Le vif intérêt qu'inspire cette ancienne capitale du monde, les grands souvenirs liés à l'aspect des lieux qu'habitèrent Camille, Scipion, Pompée, César etc., etc., et où l'on ne saurait faire un pas sans rencontrer quelque monument de son antique splendeur ou quelque chef-d'œuvre des artistes modernes, exigerait tout un volume pour donner dans une simple esquisse une idée de cet amas de richesses et ce serait trop sortir des bornes, que nous prescrit la nature de cet ouvrage que de vouloir l'entreprendre. Je renvoie donc le lecteur à l'ouvrage intitulé : *Manuel du voyageur en Italie;* Milan, chez Gigler, 1818, 1er volume; et au *Voyage de M*r *de la Lande,* en sept gros volumes, in-8 , etc.

CHAPITRE IV.

ROUTE DE ROME A NAPLES.

En sortant de Rome, la route se dirige sur Torre di Mezzavia qui en est éloigné de trois lieues. La route se divise en deux branches dont l'une passe par Albano, Cisterne, Treponti et traverse les marais Pontins dans toute leur longueur : l'autre prend par Marino, Velletri et Piperno. Cette route de Rome à Naples est bordée de plusieurs monumens antiques qui paraissent avoir été des tombeaux décorés autrefois de marbres, de belles pierres, de statues, urnes, et autres ornemens dont ils sont dépouillés aujourd'hui. Cette manière de décorer les chemins, quoique triste, avait quelque chose de majestueux. On voit aussi plusieurs restes de l'aqueduc de Claude et de ceux de Julie, Tepula et Marcie, et l'on y trouve quelques chambres sépulcrales dont l'une d'elle est bien conservée.

SECTION PREMIÈRE

ROUTE PAR ALBANO, CISTERNE ET TREPONTI A TERRACINE.

C'est la route qui, à Torre di Mezzavia, tourne à droite.

§ XXII.

ALBANO.

Albano est la première ville qu'on rencontre située sur la voie Appienne et à cinq lieues de Rome. Jusques-là la grande route de Naples traverse une campagne peu fertile et dans un horizon triste et borné, qui se termine au levant par ces longs allignemens de portiques destinés à conduire les eaux dans Rome; colonnade massive, couverte de mousses et qui a résisté aux ravages du temps.

Vers le couchant, la vue est bornée par une longue chaîne de collines sur lesquelles on ne voit que des débris du moyen âge; au midi, le mont Albano termine cet horizon en élevant jusques aux nues sa cime pyramidale. La voie Appienne contournait la montagne en circulant dans la plaine : la nouvelle route de Naples, se sépare de l'ancienne voie au pied du mont et s'élève par une pente douce jusqu'à la ville d'Albano qui, placée à micôte, domine sur la campagne de Rome et sur la région du mauvais air.

Albano tire son nom de l'antique ville d'Albe, et est très-ancienne elle-même. On fait remonter sa fondation au temps de Néron.

La plupart des seigneurs de Rome y ont des

vignes et des jardins, où ils vont passer la belle saison. Les vins d'Albano sont très-estimés. Cette ville a conservé quelques monumens antiques; on y voit avant d'entrer dans cette ville, sur la gauche, un mausolée dépouillé de tout ornement, et que le peuple croit être le tombeau d'Ascagne, fils d'Enée, et hors de la porte, sur la route de la Riccia, un autre mausolée carré avec cinq pyramides, ou cônes dont deux seulement sont assez bien conservés. Presque tous les habitans l'appelent, sans aucun fondement, le tombeau des Horaces et des Curiaces; mais plusieurs écrivains conjecturent avec plus de raison que c'est celui de Pompée-le-Grand, dont les cendres furent apportées d'Égypte à sa femme Cornélie, qui les plaça (voyez Plutarque) dans sa maison d'Albanum, dont on voit encore aujourd'hui les ruines.

C'est au pied de la montagne d'Albano que l'empereur Domitien avait fait bâtir un vaste palais, où il donnait des combats de gladiateurs, des jeux scéniques et rassemblait des gens de lettres.

§ XXIII.

ROUTE D'ALBANO A TERRACINE, PAR LES MARAIS PONTINS.

Au sortir d'Albano, le chemin coupé dans la roche et ombragé par des ormeaux, descend jusqu'au bas d'un vallon fort resserré, qui sépare Albano de l'antique ville d'Aricie qu'on nomme aujourd'hui La Riccia ; la route qui conduit du fond du vallon à ce village tourne en forme de terrasse autour du tertre. C'était dans ces lieux, jadis connus sous le nom de la forêt d'Aricie, qu'on rendait un culte particulier à Diane.

En quittant La Riccia, on entre dans une contrée presque sauvage et dont les bois s'étendent sur les pentes de la montagne et jusqu'à Gensano, qui est à une lieue et demie d'Albano. Le bourg de Gensano est situé sur le bord oriental du lac de Nemi.

Tout ce pays est rempli de ruines antiques. Ce sont de petits édifices en briques, ronds ou carrés et décorés de pilastres ; il y a lieu de croire que c'étaient des tombeaux des anciens Romains. De Gensano la vue domine sur les collines plantées de vignes, qui produisent un vin excellent. Entre ce bourg et Cisterne qui en est à 4 lieues, on passe l'Ostura.

Avant d'arriver à Torre di Treponti, qui est à 3 lieues de Cisterne, commencent les Marais Pontins, qui se prolongent jusqu'à Terracine. C'est sur ces marais qu'a été établie la fameuse Linia Pia, c'est-à-dire, la nouvelle route construite sur la voie Appienne, par Pie VI, durant un espace de dix lieues, pour rendre le voyage de Rome à Terracine plus court et plus commode. Cette nouvelle route forme une chaussée et traverse les marais Pontins dans toute leur longueur. A droite et au-dessous de la route est le canal qu'on appele Naviglio Grande, sur lequel Horace navigua en allant à Brindes et que Pie VI a aussi fait réparer. La Linia Pia, ou nouvelle route, qui est la même que la voie appienne, chargée d'un sable fin, traverse les marais Pontins, sous un berceau formé par des ormeaux que l'art n'a point plantés, mais qu'on a réservés sur les flancs de la route, lorsqu'elle a été remise à neuf. Ces ormeaux irrégulièrement alignés ombragent à-la-fois le chemin et le canal, et joignent ainsi par une longue promenade, une maison de poste à l'autre. Cette traversée se fait avec une telle vitesse et si peu de fatigue qu'on est étonné en arrivant à Terracine d'avoir parcouru tant de chemin. Dans la totalité de ce trajet, il n'y avait ni village ni maison pour le service des postes et la commodité des voyageurs. Pie VI fit construire à-peu-près à égales distances, de vastes caravanserais qui s'élèvent au milieu de ces solitudes, comme de grands monumens de son pontificat. Ces constructions renferment d'immenses écuries, des logemens, des casernes; mais tout cela était, lors

de mon passage, démeublé, grand et misérable,
somptueux et dénué de tout. Les êtres qui habitent ces palais du désert sont maigres, presque
nus et dévorés par la fièvre. A peine ces malheureux guides peuvent-ils conduire les chevaux
demi-sauvages, qu'ils attèlent aux voitures. Ces
chevaux, pris au pâturage, semblent s'indigner
de cette servitude momentanée qu'on leur im-
pose; ils frémissent, ils trépignent jusqu'au moment où on leur permet de partir, et alors ils
s'élancent avec une fureur qui n'est pas sans danger. Toute la partie qui borde les deux côtés de
la route est desséchée, mais non pas assainie; on
ne remarque pas même que ce desséchement ait
rien fait pour la salubrité de l'air qui est resté
dangereux comme dans toute la Maremme. C'est
en vain qu'une verdure épaisse pousse de toutes
parts dans ce séjour de la fertilité; que les bords
du canal sont tapissés d'énormes figuiers, dont
les rameaux chargés de fruits, se penchent sur
le courant de l'eau; que les aloës, la vigne, le
saule, le chéne et l'orme mêlés et confondus,
s'entrelacent pour former des berceaux; tout ce
luxe, que la nature déploie, ne sert qu'à parer
un désert; il n'est admiré que par le silence, et
les animaux sauvages ont seuls le droit d'en jouir.
Si dans ces contrées solitaires, on voit de loin en
loin apparaître un homme, il ne se montre d'or-

dinaire que sous un aspect hostile; tantôt c'est un pâtre qui chasse avec sa lance un buffle irrité; tantôt c'est un brigand de la montagne, qui, caché dans des touffes de figuiers, attend l'œil au guet et son fusil armé, le passage d'un voyageur.

Cette race de bandits, qui rendent l'approche des marais plus dangereuse encore que le mauvais air, a de tout temps infesté les frontières du royaume de Naples. Il est presque impossible de la détruire, parce qu'elle a ses racines dans la population même du pays. En effet, ce sont des villageois qui ont leurs propriétés et leurs familles; ils s'occupent des travaux champêtres une partie de l'année; mais comme ce travail ne suffit, ni à leur existence, ni à leurs plaisirs, un attrait, un besoin presque invincible du pillage et du meurtre, les porte à s'armer et à aller attaquer les étrangers qui voyagent.

Après Torre di Treponti, on trouve Fico et Mesa; à Bocca di Fiume, on passe le grand canal sur un beau pont de marbre et bientôt après, on arrive à Terracine.

§ XXIV.

TERRACINE.

Cette ville, appelée autrefois Anxur, avait été bâtie par les Volsques, à qui les Romains l'enlevèrent. Elle est aujourd'hui peu considérable, et la dernière de l'état Ecclésiastique, sur la route de Rome à Naples; on l'aperçoit de fort loin, parce qu'elle est située comme du temps d'Horace, sur des rochers fort élevés. « *Impositum late saxis candentibus Anxur.* » En effet, la montagne est d'une pierre blanche et séparée de l'Apennin, par la vallée du mont Cassin, d'où sortent les eaux qui forment en partie les marais Pontins.

Le voisinage de ces marais rend l'air de Terracine très-malsain, aussi cette ville est-elle presque déserte. Il fallait qu'on y jouît autrefois d'une meilleure température, puisque les anciens Romains y avaient bâti un grand nombre de maisons de plaisance, dont on voit encore aujourd'hui les ruines. La cathédrale est un reste presque entier d'un ancien temple de Jupiter; elle a un portique soutenu par de très-belles colonnes de marbre. Du clocher de cette cathédrale, on découvre au nord et à l'est, un pays très-riche par la nature du sol, coupé par une multitude de rivières et de petits ruisseaux, et auquel il ne manque que des cultivateurs. Le port de Terracine est entièrement comblé ; il n'en reste d'autres vestiges que les anneaux auxquels on amarrait les vaisseaux. Les paysans de ces contrée ont conservé le brodequin, ancienne chaussure des Romains.

SECONDE SECTION.

ROUTE DE ROME A TERRACINE, PAR MARINO, VELLETRI ET PIPERNO.

Cette route est peu fréquentée, parce que bien que le pays qu'on traverse soit naturellement fertile, le défaut de culture y rend l'air très-malsain ; ce n'est donc que pour satisfaire la curiosité du naturaliste et de l'antiquaire, que nous allons indiquer cette route.

§ XXV.

MARINO, LACS DE CASTEL GANDOLFO OU D'ALBANO, ET DE NEMI, FAJOLA.

De Torre di Mezzavia, on se dirige sur Marino, gros bourg bien bâti, assez peuplé, et qui offre un aspect agréable ; on croit que son nom vient de quelques maisons de campagne de Marius. Les Romains y vont en villegiature, c'est ainsi qu'ils appelent le temps qu'ils passent à la campagne pendant la saison de l'automme.

Au sortir de Marino, on quitte le pays plat et l'on commence à gravir une montagne pierreuse et couverte de bois. Avant d'arriver à Fayola, on laisse sur la droite le lac d'Albano nommé aussi lac de Castel Gandolfo. Le bassin de ce lac est entouré de collines bien cultivées, le canal qui sert à l'écoulement de ses eaux, dit l'Emissaire, est un ouvrage des plus singuliers; les Romains le construisirent 398 ans avant J. C., à cause d'une crue extraordinaire qui menaçait Rome d'mondation, dans le temps qu'ils faisaient le siége de Veies. Ce siége traînant en longueur, on consulta l'oracle d'Apollon Pithien, qui répondit que le siége ne finirait que lorsqu'on aurait fait couler les eaux du lac, par une autre route que celle de la mer.

D'après cette réponse, sans doute dictée par quelque raison politique, on perça la montagne qui borde le lac, du coté de Castel Gandolfo, et l'on y creusa un canal qui a 3 pieds et demi de largeur, sur six de profondeur, et 1,260 toises de longueur; c'est l'épanchoir du lac qui sert

encore au même usage et n'a jamais eu besoin
de réparation, tant il est solide; ce qu'il y a de
plus étonnant, c'est que ce canal fut achevé en
une année.

A peu de distance du lac de Castel Gandolfo,
sont deux autres lacs, savoir : le petit lac d'Albano
et celui de Nemi. L'un et l'autre paraissent avoir
été produits par d'anciens volcans; ce qui con-
firme cette conjecture, c'est qu'ils ont la forme
d'entonnoirs, et que leurs bords sont couverts d'une
espèce de lave ferrugineuse à moitié vitrifiée et
disposées par couches inclinées du côté extérieur.
Le lac de Nemi a une lieue et trois quarts de tour;
on croit que Virgile en parle dans ces vers :

> Contremuit nemus et silvæ intonuere
> Audiit et triviæ longe lacus.

Ce lac est appelé par les anciens, Aricinum,
Albanum, Lacus Treviæ, Speculum Dianæ: il y
avait sur ses bords un temple de Diane, élevé
par Oreste et Iphigénie, et un bois consacré à
cette Déesse.

Fajola est un petit bourg près d'une forêt du
même nom. On tire de cette forêt, qui est déjà
fort dépeuplée, des bois de construction, d'autant

plus précieux, qu'ils offrent des courbes naturelles, effet de l'action du soleil et d'une sève trop
abondante; on a remarqué en effet que dans les
pays méridionaux, les arbres se courbent dès qu'ils
ont pris une certaine hauteur. Le bourg de Fajola
est à deux lieues de Marino et à la même distance
de Velletri. La partie de la route, qui traverse
la forêt, est très-mauvaise.

§ XXVI.

VELLETRI, CORA, TEMPLE D'HERCULE ET TEMPLE DE CASTOR ET POLLUX; SERMO-NETTA, SEZZE.

Velletri est une ville fort ancienne, située sur
le penchant méridional du mont Albano. C'était
la capitale des Volsques; les Romains s'en emparèrent sous le règne d'Ancus Martius, mais elle
secoua leur joug et ne fut reprise que 396 ans
avant J. C., par Camille qui, alors âgé de 80
ans, venait de chasser les Gaulois des bords du
Teverone, où ils s'étaient avancés.

Velletri a souffert plusieurs révolutions, aussi
y trouve-t-on beaucoup de ruines. Cette ville est
grande, bien bâtie, et a de belles fontaines. Dans
la place principale, on voit la statue d'Urbain

VIII en bronze, représenté assis dans un fau-
teuil, ouvrage du Bernin. Le palais Ginetti est
d'une grande magnificence; les jardins, ornés de
statues, de bosquets et de fontaines, ont deux
lieues de tour. De Velletri la vue s'étend sur la
vaste solitude des marais Pontins; elle est bornée
à l'orient, par les montagnes de la Sabine et à
l'occident, par l'immensité de la mer. Les environs de cette ville, plantés de vignobles et par-
semés de jolies maisons de campagne, présentent
l'aspect de la culture la plus animée et des soins
les plus actifs.

A trois lieues de Velletri, on trouve un petit
bourg, appelé Cora; c'était une ancienne ville de
Latium; occupée par les Volsques; elle renferme
plusieurs antiquités. On y remarque surtout l'enceinte des murs, qui embrassait toute la montagne, depuis le pied jusqu'au sommet, avec des
terrasses de distance en distance pour la commodité
des assiégés. On arrivait à ces terrasses à couvert des
traits des assiégeans, par le moyen de plusieurs
galeries souterraines taillées dans le roc. La manière dont les murs sont bâtis a contribué à leur
conservation; les pierres n'y sont pas rangées ho-
rizontallement, mais emboîtées les unes dans les
autres. Au-dessus de la montagne de Coré, on voit
les restes d'un temple d'Hercule et d'un autre temple

consacré à Castor et Pollux. Du premier, il reste huit colonnes doriques du vestibule avec le mur qui séparait le temple du vestibule. Du second on ne voit plus que deux colonnes.

Vient ensuite Sermoneta, l'ancien Sulmo des Volsques, située sur une montagne; c'est aujourd'hui un village, qui paraît pauvre et qui n'offre rien de remarquable.

De là, on aperçoit le promontoire appelé Monte Circello qui était autrefois, dit-on, une île, où, suivant les poètes, la jalouse Circée métamorphosa Scylla en monstre marin, et changea les compagnons d'Ulysse en pourceaux.

En allant de Casenove à Piperne, on monte toujours. On laisse à droite la ville de Sezze, où St. Paul passa en revenant de Rome.

Cette ville, bâtie sur une hauteur en face des marais Pontins, était une des principales des Volsques. Martial et Juvénal l'ont célébrée à cause de ses vins, qui n'ont plus aujourd'hui la même qualité, soit qu'on n'ait pas l'art de les faire ou la patience de les attendre. Les anciens Romains ne buvaient leurs vins qu'après la quinzième et quelquefois la vingtième année. On y voit les restes d'un temple consacré à Saturne fugitif. La campagne environnante est peu cultivée; il y croît naturellement beaucoup de figuiers d'Inde, dont le tronc est d'une énorme grosseur et qui s'élèvent à la hauteur de 30 à 40 pieds; il y a aussi beaucoup de lauriers, de myrtes, d'orangers et d'aloès

§ XXVII.

PIPERNE.

Piperne, qu'on trouve à deux lieues et demie de Case Nove, est une petite ville qu'on croit être l'ancien Pivernum des Volsques et la patrie de cette belliqueuse Camille, dont parle Virgile dans l'Enéide, qui dès son enfance dédaignant l'aiguille et le fuseau, s'était endurcie aux pénibles travaux de la guerre; et qui plus rapide et plus légère que le vent aurait pu marcher sur un champ couvert d'épis sans les faire plier, ou courir sur les flots de la mer sans mouiller ses pieds.

« Hos super advenit volsca de gente Camilla. »

Elle eut malheureusement une fantaisie de vanité qui lui coûta la vie; dans le feu du combat elle

.poursuivait un prêtre de Cibèle, pour se faire une parure de ses riches vêtemens.

« Femineo predæ et spoliarum ardebat amore. »

Une flêche lui perça le cœur.

Pivernum est célèbre dans Tite-Live par la manière dont cette ville soutint le mauvais succès d'une guerre qu'elle avait déclarée aux Romains. Quelqu'un demandait en plein sénat aux députés des vaincus, quel châtiment ils pensaient mériter ? celui, dirent-ils, auquel doivent s'attendre des hommes qui aspirent encore à la liberté : mais, ajouta le consul, si l'on veut bien vous accorder la paix en garderez-vous au moins les conditions ? « A jamais, répondirent-ils, si elles sont honnêtes; le moins qu'il sera possible, si elle sont honteuses ». Le sénat déclara les Pivernères, citoyens de Rome. Ces réponses, suffisent pour nous apprendre de quels hommes tiennent aujourd'hui la place, les malheureux paysans répandus dans l'état Ecclésiastique.

Piperne est située sur une montagne très-élevée et très-escarpée, excepté du côté de Rome, où la pente est un peu plus douce. Cette ville est aujourd'hui fort triste et fort pauvre, mal bâtie et n'a rien de remarquable. Elle est entourée de petits jardins potagers en terrasses, de vignes et de quelques champs. On a tiré tout le parti possible du terrain : les lys et les narcisses y croissent naturellement et sans culture.

Du côté de Naples, la montagne est si rapide, que les voyageurs ne la voient qu'en tremblant. En descendant on est obligé d'enrayer les voitures et l'on ne monte qu'à l'aide des buffles.

Les chemins ne sont pas meilleurs dans la vallée : on traverse des côteaux sablonneux, couverts de chênes-liéges et après cinq à six heures de marche, on arrive à Terracine.

Pendant ce trajet on sent une odeur forte et malsaine, qui provient des marais, qui occupent la plaine et s'étendent jusqu'aux bords de la mer.

TROISIÈME SECTION.

ROUTE DE TERRACINE A NAPLES.

Les deux routes dont nous venons de donner la description dans la première et la seconde section, se réunissent à Terracine et la route qui est dès lors très-belle et construite sur l'ancienne voie Appienne, traverse une campagne productive, mais qui n'est pas à l'abri du mauvais air.

§ XXVIII.

LA TORRE DEI CONFINI; GROTTE où TRAJAN SAUVA LA VIE A TIBERE; FONDI; ITRI; MOLA RUINES DU FORMIANUM DE CICERON; GARI-GLIANO ET MINTURNE, St AGATHA ET MON-TAGNE DE FALERNE.

La Torre dei Confini qu'on trouve à peu de distance de Terracine, sépare la campagne de Rome d'avec l'état de Naples. En approchant de Fondi, on voit la grotte où, suivant Tacite, Trajan sauva la vie à Tibère.

Fondi est une petite ville à trois lieues de Terracine, située dans une plaine assez vaste et sur le lac du même nom. L'air y est très-malsain, à cause des exhalaisons malignes que répandent les eaux basses et croupissantes de ce lac qui a environ une lieue et demie d'étendue entre la ville et la mer. La voie Appienne traverse Fondi et en forme la principale rue. Cette ville fut désolée par le corsaire Barberousse roi d'Alger, qui voulut se venger d'avoir manqué Julie de Gonsague, femme de la plus rare beauté et dont il se proposait de faire un présent au grand seigneur. Julie fut assez heureuse pour se sauver en chemise, à la faveur de la nuit et à travers les montagnes. Les anciens faisaient beaucoup de cas des vins de Fondi. Près du château est un jardin, qu'on dit avoir appartenu à Cicéron. Du reste, malgré le mauvais air qui règne à Fondi, son territoire, couvert de vignes, d'oliviers, d'orangers, de myrtes et de lauriers, est de la plus grande fertilité.

A trois lieues de Fondi, on rencontre la petite ville d'Itri, située sur un rocher et entre des collines, où la nature étale sa plus riche parure. Malgré cela cette ville est pauvre et presque dépeuplée, parce qu'elle se trouve encore dans la région du mauvais air. On prétend que c'est la ville qu'Horace appelle Mamurra dans le Latium.

En approchant de Mola et à un quart d'heure avant d'y arriver, on aperçoit la ville et le golfe de Gaete ; le Vésuve et les îles voisines de Naples.

Mola est une petite ville à deux lieues et demie d'Itri, sur les bords de la mer, au centre d'un petit golfe, et qu'on croit bâtie sur les ruines de l'ancienne Formies, ville des Lestrigons, dont Horace célébrait l'heureuse situation et comparait les vins à ceux de Falerne.

Ce qu'il y a de certain, c'est que la situation de Mola répond parfaitement à l'idée qu'Horace nous donne de Formies. Mola est assez près des montagnes pour être à couvert des vents du nord ; la campagne qui l'environne, ressemble à un jardin ; elle est peuplée d'orangers, de lauriers, de grenadiers, de myrtes, de jasmins et de toutes sortes de plantes odoriférantes ; les côteaux sont couverts de vignes et d'oliviers, on y jouit des points de vue les plus agréables ; les femmes y sont d'une taille svelte et d'une mise fort élégante. L'ancienne Formies fut entièrement détruite par les Sarrasins. La mer qui a beaucoup gagné du côté de Mola, laisse apercevoir dans certains temps des restes des édifices, des pavés de mosaïque et de beaux marbres. On montre sur la côte, entre Mola et Gaete, des ruines considérables qu'on dit être le Formianum de Cicéron, On assure que lorsque la mer se retire, on y voit une grande salle entourée de siéges de marbre, et c'est là, disent les habitans, que l'orateur romain tenait ses conférences académiques. Toute cette plage est couverte de monumens antiques, mais les eaux qui les recouvrent empêchent qu'on ne les détruise, pour emporter les matériaux. C'est près de cet endroit que Cicéron fut assassiné par les émissaires d'Antoine.

À Garigliano, on passe la rivière du même nom, anciennement connue sous celui de Liris. Il paraît que la ville de Minturne, ancienne colonie du Latium, était située près de ce village. On y remarque en effet les restes d'un aqueduc, d'un amphithéâtre et d'un temple dédié à Vénus.

C'est à Minturne que le soldat Galate, qui avait été envoyé par Sylla, pour se défaire de Marius, saisi de crainte et d'admiration à l'aspect de ce vieillard respectable, au lieu de le frapper, tomba à ses genoux.

Là, on quitte la voie Appienne qui côtoye la mer jusqu'à l'embouchure du Volturne et l'on se dirige sur Santa Agatha. Bientôt on découvre à sa gauche la montagne de Falerne, si célèbre du temps d'Horace pour les vins qu'elle produisait; ces vins sont aujourd'hui bien au-dessous des éloges qu'en faisait le poète philosophe, sans doute parce qu'on le boit dans l'année, tandis que Gallien dit expressément que le Falerne ne commence à être bon qu'à la 10e année et qu'il est à sa perfection depuis 15 jusqu'à 20 ans. Il en est de même de plusieurs autres vins d'Italie, parce que leur bonté dépend beaucoup et de la manière de les faire et de l'espace de temps qu'ils sont conservés. De Santa Agatha à Capoue, il n'y a que quatre lieues qui se font dans un pays aussi fertile que populeux, mais où après les grandes pluies, les chemins sont impraticables.

C'est après avoir passé le petit ruisseau qui vient de Calvi, qu'on arrive à l'embranchement du chemin qui vient de ce dernier endroit, et par lequel s'avança l'armée autrichienne après la surprise et la dispersion du camp de Mignano, occupé par l'armée napolitaine de l'intérieur. On laisse, à peu de distance de cet embranchement la maison de campagne de Casa Lanza, où fut signée la convention militaire qui vint mettre fin aux hostilités de la campagne de 1815.

Pour consacrer cet événement, qui vint couronner les héroïques exploits de l'armée autrichienne, S. M. le roi Ferdinand des Deux Siciles, conféra au général en chef autrichien, le baron de Bianchi, le titre de duc de Casa Lanza avec un revenu de dix milles ducats napolitains. Ce général reçut en même temps la grande croix de l'ordre de St Janvier, en diamans.

§ XXIX.

CAPOUE, PALAIS DE CASERTA, AVERSA.

Capoue, où l'on passe le Volturne sur un pont,

est une petite ville qui fut bâtie dans le 9e siècle au pied du mont Tifates, aujourd'hui San Nicolo, et à peu de distance de l'ancienne Capoue. Sa population est d'environ 5,000 habitans. Elle a quelque apparence au dehors, mais à l'exception d'un petit nombre de quartiers qui sont assez bien bâtis, tout le reste est fort ordinaire. Sa cathédrale paraît antique à cause des matériaux qu'on a tirés de l'ancienne Capoue, et dont on s'est servi en la construisant, on y voit un tableau de Solimène fort estimé, et un mausolée avec un bas-relief antique, représentant la chasse de Méléagre. Les maisons de cette ville moderne offrent beaucoup de marbres et d'inscriptions incrustées dans les murs et de têtes en bas-relief, qui forment les clefs des arcades; tous ces restes d'antiquité, sont des dépouilles de l'ancienne Capoue, dont on voit les ruines à trois quarts de lieue de la nouvelle.

Cette ancienne Capoue était si renommée pour ses délices, si puissante, si considérable, qu'on la comparaît à Rome et à Carthage. Les uns font remonter son origine aux Tyrrhéniens chassés des bords du Pô, par les Gaulois 524 ans avant J. C. D'autres et surtout Pline, Suétone et Virgile lui donnent pour fondateur Capys, compagnon d'Énée. Les Samnites s'en emparèrent; ensuite elle tomba au pouvoirs des Romains. Elle était si agréable qu'on lui donnait le nom de *Capua dives*, *Capua amorosa*, *Capua félix*, en effet, elle était située dans une superbe plaine de la Campanie, que Cicéron appelait le plus beau patrimoine du peuple romain, le séjour de la débauche. Les campagnes qui l'environnaient produisaient les vins les plus exquis et les plus renommés, le Falerne, le Massique, le Cécube, le Célène. Séduits par Annibal, qui leur avait promis de faire de leur ville, la capitale de l'Italie, les Capouans embrassèrent son parti; mais les Romains ne tardèrent pas à tirer vengeance de ces orgueilleuses prétentions, ils mirent le siége devant Capoue, la prirent, réduisirent le peuple à l'esclavage, le vendirent à l'encan, dispersèrent les citoyens et firent battre de verges et décapiter les sénateurs. Dans la suite, Capoue fut successivement ruinée par les Vandales, rétablie par Narsés et entièrement détruite par les Lombards. Elle était bâtie dans l'endroit appelé aujourd'hui Santa Maria delle Grazie. On y voit des restes d'édifices antiques, qui font juger de sa magnificence et de sa grandeur.

L'amphithéâtre était encore plus décoré que celui de Rome et bâti dans le même goût, c'est-à-dire avec quatre ordres d'architecture. Il ne reste qu'une partie de la décoration du premier ordre, les autres sont méconnaissables.

De la nouvelle Capoue, on peut aller à Caserta, petite ville située au pied du mont du même nom, à 3 lieues S. E. de Capoue et 6 N. E. de Naples. Cette ville doit son origine aux Lombards.

Le palais ou la maison royale qu'on y voit, est une des plus belles d'Italie. Elle est construite sur les plans de Vanvitelli, architecte romain. Quatre grands corps de bâtimens forment un carré parfait. Au milieu de chaque face et aux angles sont des corps avancés avec des pilastres. Deux ordres de colonnes s'élèvent jusqu'au comble et soutiennent de larges frontons décorés de sculptures. Au bout de l'escalier, est un grand salon de forme ronde, construit sur le plan et avec les matériaux d'un temple antique découvert à Pouzol et éclairé par une coupole. L'aqueduc destiné à conduire les eaux dans les jardins, traverse plusieurs vallées sur des ponts très-élevés; l'un de ces ponts a 178 pieds de hauteur sur trois étages et 1618 de long. Le premier rang est de 19 arches, le second de 27 et le troisième de 43. C'est sans contredit le plus bel ouvrage moderne de ce genre.

En poursuivant la route de Capoue à Naples, on passe à Aversa, petite ville connue du temps des anciens Romains, sous le nom d'Attella, et célèbre par les bons mots, les plaisanteries, les spectacles et les débauches de ses habitans. Ruinée par les barbares, cette ville fut rétablie par les Normands, qui lui donnèrent le nom d'Aversa, mot qui signifie contraire, ennemie, pour l'opposer à Naples. Ce fut dans le château d'Aversa, que Jeanne Iere, reine de Naples, fit étrangler Andréasse de Hongrie, son mari; Aversa est située dans une plaine délicieuse et au bout d'une grande avenue qui conduit jusqu'à Naples. Ce trajet est d'environ 3 lieues, dont la dernière au moins se fait dans les faubourgs de la capitale ou dans les villages qui l'avoisinent.

CHAPITRE V.

PREMIÈRE SECTION.

§ XXX.

NOTICE HISTORIQUE SUR NAPLES.

Naples en Italien Napoli, capitale de l'état du même nom, est une ville des plus belles et des plus considérables de l'Europe ; elle est si ancienne que son origine se perd dans la nuit des temps fabuleux, les uns prétendent que le nom de Parthénope, qu'elle porta d'abord, était celui d'une des Sirènes, qui n'ayant pu séduire Ulysse, vint cacher sa honte, sur les bords de la mer thirrhénienne, où elle mourut, et que le premier fondateur de Naples donna à cette ville le nom de la Sirène, dont il avait trouvé le tombeau. D'autres attribuent sa fondation à Falerne, l'un des Argonautes, à Hercule, à Enée, à Ulysse, aux Phocéens, aux Marseillois. On dit aussi que le peuple de Cumes, qui était encore beaucoup plus ancien et

(*) Voyez pour de plus amples détails : *Itinéraire instructif de Naples ;* par Marien Vasi, antiquaire de l'académie étrusque de Cortone. Rome 1813.

beaucoup plus puissant, fut jaloux de la grandeur
et de la beauté de Parthénope, et la ruina entièrement; mais qu'ayant été affligé de la peste, l'oracle
qu'il consulta répondit que ce fléau ne cesserait
que lorsque Parthénope ou la ville de la Vierge
aurait été rebatie et, qu'alors Parthénope prit le
nom de Napolis, qui signifie nouvelle ville. Parmi
ses diverses origines qui remontent à des temps si
reculés, il est assez difficile de distinguer celle qui
mérite le plus de foi. Tout ce qu'on peut conjecturer de plus vraisemblable, c'est que Naples a été
fondée par les Grecs, ainsi que son nom de
Napolis paraît l'indiquer. Dans l'état dont Naples
est la capitale, il y avait anciennement des villes,
des monarques et des tyrans, qui avaient acquis
une grande célébrité, et 360 ans avant J. C., les
historiens parlent de Naples comme d'une grande
ville. Du temps des guerres puniques les Napolitains
offrirent des secours considérables aux Romains,
auxquels ils demeurèrent toujours attachés; devenue colonie romaine sous les empereurs, Naples
conserva la religion, la langue et les usages grecs.
Adrien et Constantin l'agrandirent considérablement. Les plus riches habitans de Rome allaient y
jouir d'un séjour enchanteur. A la décadence de
l'empire romain, Naples subit le sort de toutes les
autres villes d'Italie : les Goths s'en emparèrent,
Bélisaire la reprit et la livra au pillage ; puis elle

fut dévastée par Attila : après avoir successivement passé sous la domination de plusieurs princes étrangers, normands, français, allemands, elle devint le partage de Don Carlos, fils de Philippe roi d'Espagne.

L'histoire des révolutions de cette ville est très-intéressante.

§ XXXI.

SA SITUATION.

L'aspect de la ville de Naples est vraiment magnifique : située au fond d'un bassin, qui a deux lieues et demie de largeur, et autant de profondeur elle a en perspective au levant, le Vésuve, au midi la mer, au couchant le Pausilippe et au nord les riantes collines d'Aversa, de Capoue et de Caserta. Au milieu de ces divers points de vue, cette ville bâtie sur le penchant d'une montagne semble embrasser la mer par sa surprenante étendue : on y compte de 340 à 350,000 habitans. Le Sebet petite rivière qui descend des hauteurs de Mola est la seule qui coule dans les environs de Naples ; les eaux de cette rivière et les sources du coulant des montagnes voisines, conduites par des canaux, alimentent les fontaines publiques, servent à l'arrosement des jardins, et à activer les moulins et autres usines. On jouit dans cette heureuse contrée d'un printemps perpétuel. Les fleurs les plus délicates y éclosent partout au milieu de l'hiver ; la végétation est presque toujours la même ; et la même saison voit naître, fleurir, et murir les productions de la terre.

Naples avait autrefois de si hautes murailles qu'Annibal n'osa point en entreprendre le siége. Les nouveaux murs sont beaucoup moins élevés ; ils sont bâtis en partie d'une pierre dure et noire appelée Piperno, et qu'on tire des environs. Les faubourgs ont presque autant d'étendue que la ville. L'intérieur n'offre ni de ces édifices, ni de ces monumens qui font qu'au premier coup-d'œil on est saisi d'amiration, mais tout y est bien bâti, et l'on n'y voit point de ces disparates qui choquent comme dans la plupart des grandes villes. Les maisons sont à peu près de la même hauteur à 4 ou 5 étages, couvertes de terrasses de pierre de Lavagne, revêtues d'un mastic composé de pouzolane de chaux vive et de bitume.

§ XXXII.

SES FORTIFICATIONS.

Les murailles qui forment l'enceinte de la ville

Naples sont insuffisantes pour la défendre, et elle ne peut repousser l'attaque que du côté de la mer, où ses principales fortifications sont 1º le château de l'OEuf; 2º le château Neuf; 3º le château S. Elme, et 4º le Torrione des Carmes.

1º Le château de l'OEuf est bâti sur un rocher au milieu de la mer, et l'on ne peut y aller que par le moyen d'un pont qui a 220 pas de longueur : ce château commande le golfe que la mer forme dans cet endroit. 2º Le château Neuf est le fort le plus considérable. Il fut bâti par Charles I duc d'Anjou, et frère du roi St. Louis. Il est entouré de fossés très-profonds, et flanqué de tours extrèmement élevées. 3º Le château S. Elme est situé sur des rochers; il est plus propre à contenir la ville qu'à la défendre contre l'ennemi. 4º Le Torrione ou la tour des Carmes est près du Lazaret et du grand marché : on y entretient une garnison suffisante pour réprimer les entreprises d'une populace naturellement portée à la révolte.

§ XXXIII.

SON PORT.

Le port de Naples a environ 150 toises en tout sens, et est défendu par un grand môle au levant et au midi, et par un petit môle avec deux fortins au nord. Ce port est petit, mais la rade est très-bonne.

Au bout du grand môle est une tour appelée Lanterna del molo, dans laquelle est un fanal, qu'on allume tous les soirs pour éclairer les vaisseaux qui entrent dans le golfe pendant la nuit. En face du port, on voit la belle île de Capri, à droite, la côte de Pausilippe et sur la gauche Portici et le mont Vésuve.

Les chantiers sont vastes ainsi que les magasins.

§ XXXIV.

SES RUES, LE QUAI (le Chiaja), SES PLACES ET FONTAINES.

Les rues de Naples sont pavées de grandes dalles dures et noirâtres qui ressemblent à la lave sortie du Vésuve; quoique un peu étroites elles sont néanmoins assez bien alignées. La principale est la Strada di Toledo. Cette rue fort large et tirée au cordeau, sert en hiver de cours ou de promenade publique. Elle est décorée de belles maisons et de plusieurs palais, bordée des deux côtés de petites boutiques ou échoppes qui laissent pourtant le passage libre pour deux files de carosses, et sans cesse remplie d'une foule innombrable d'acheteurs ou de spectateurs; lorsqu'il est nuit, les lumières des boutiques y forment une illumination des plus brillantes; c'est l'endroit le plus élevé de la ville.

Naples était autrefois très-mal éclairé, les Lazzaronis s'opposaient à toute amélioration, et l'on n'y parvint qu'en suivant le conseil du père Rocco, qui fit placer de distance en distance des images de Saints ou de la Ste Vierge. La piété populaire s'empressa dès lors d'allumer des lampes devant ces images, et la ville fut éclairée.

Une des rues, ou plutôt des promenades les plus agréables est la Chiaja, superbe quai qui s'étend vers le couchant jusqu'à Pausilippe et qui a près de 1,000 toises de longueur. Le long de la mer cinq rangs d'arbres, de treillages, de gazons, de parterre et d'orangers, un délicieux bosquet y forment une superbe promenade qui est fermée du côté de la terre par des grilles, soutenues par des pilastres, ornés de statues et de fontaines.

Les fontaines qui décorent cette charmante promenade sont ornées de figures, de Tritons, de Nayades, et sur celles qui ornent le milieu de la promenade, on admire le superbe groupe connu sous le nom du taureau de Farnèse, nom qu'il reçut pour avoir été trouvé à Rome, dans les thermes de Caracalla, sous le pontificat de Paul III, qui le fit placer dans son palais de Farnèse. L'aspect de ce groupe m'a saisi d'admiration, et plus je le considérais, plus j'étais frappé de l'effet que produisait, tant l'ensemble que les détails examinés isolément. Cependant les connaisseurs y trouvent quelques défauts.

Le sujet est Dircé attachée par les cheveux aux cornes d'un taureau, par Zetus et Amphion, fils de Lecus, roi de Thèbes, pour venger Antiope, leur mère; mais au moment où le taureau veut prendre la course, la reine Antiope ordonne la délivrance de Dircé. L'on voit le taureau furieux qui s'élance et les deux fils de la reine, qui, sur son ordre s'efforcent d'arrêter le fougueux animal, entraînant la malheureuse Dircé. Ces figures plus grandes que nature, sont placées sur un rocher. Au bas est un petit Bacchus et un chien, et autour du plinthe sont différens animaux. C'est Apollonius et Tauriscus, sculpteurs grecs qui ont tiré ce superbe groupe d'un seul bloc de marbre de dix pieds de longeur et treize pieds de hauteur.

Le long et à droite de cette promenade il y a

une belle et large rue qui sert de Corso et où presque tous les équipages, voitures et cavaliers de la ville de Naples, venaient tous les soirs, pendant mon séjour, jouir de cette délicieuse promenade, ce qui offrait un coup-d'œil aussi animé que varié et brillant.

Les places de Naples sont grandes mais peu régulières, quelques-unes sont ornées d'obélisques et de belles fontaines, mais elles m'ont paru être d'un assez mauvais goût. Les principales places sont le Largo del Castello ; la Via dello Spirito Santo la place près des écoles et le marché des Carmes.

La place du marché a été le théâtre de deux funestes événemens ; l'un fut la révolte de Masaniello, l'autre l'assassinat du jeune Conradin qui, devant être roi de Naples, comme légitime héritier de son père Conrad IV, y était venu assisté de Fréderic duc d'Autriche et de son armée ; ayant été défait et livré par un seigneur d'Astura dans les mains de leur adversaire Charles d'Anjou, ce dernier leur fit trancher la tête sur cette place en 1268. La chapelle et la croix érigées sur l'endroit même de cette indigne exécution n'existent plus, elles furent détruites dans l'incendie de 1781.

La ville de Naples est très-bien fournie d'aqueducs et de fontaines. Il y a deux sources qui distribuent l'eau dans toute la ville. Les aqueducs qui se trouvent sous le pavé des rues sont très-larges : ils ont servi deux fois à la prise de Naples d'abord par Bélisaire ensuite par Alphonse Ier.

§ XXXV.

PALAIS ET AUTRES ÉDIFICES REMARQUABLES.

Le plus bel édifice de Naples est le palais du roi, Regio palazzo, bâti en 1600 sous le vice-roi don Ferdinand Ruiz de Castro, et d'après les dessins du célèbre Fontana. Ce palais donne d'un côté sur la mer, et de l'autre sur une grande place. L'architecture en est noble et majestueuse. Il a près de 100 toises de longueur, 21 croisées de face et 3 portes d'égale hauteur, avec des colonnes de granit, qui supportent les balcons. Trois rangs de pilastres doriques, ioniques, et corinthiens, placés les uns sur les autres, et couronnés d'une balustrade garnie de pyramides et de vases, forment la décoration de la façade. L'escalier est grand et commode ; on y a placé deux figures colossales, qui représentent le Tage et l'Ebre. La salle des vice-rois, où sont les portraits de tous ceux qui ont gouverné l'état de Naples, est la plus belle du palais.

En sortant de ce palais, on voit une grande statue de marbre trouvée à Pouzol, du temps du duc de Medina ; c'est un Jupiter en forme de Therme : on l'appelle il gigante, (le géant) la principale face du palais répond à une grande place, ou se donnent les divers spectacles destinés à l'amusement du peuple. Ce quartier est orné de quelques fontaines dont la plus belle par son architecture, la Fontanna Medina présente trois satyres groupés qui soutiennent une large conque sur laquelle est un grand Neptune en pied, avec son trident, d'où sortent trois grands jets d'eau.

Les palais particuliers de Naples ne sont rien moins que des modèles d'architecture, cependant ils réunissent une certaine magnificence à la commodité. Les principaux sont les palais du duc Maddaloni des Orfini, de Francavilla, de la Rocca, du prince Ste Agathe, Sanctobuono, Caraffa, San-Severo, du duc de Sangro. Dans ce dernier j'ai vu avec admiration deux statues modernes, qui m'ont paru être fort curieuses ; l'une représente la modestie voilée, elle est d'Antoine Corradino ; et enveloppée d'un voile depuis la tête jusqu'aux pieds. Le merveilleux de cette statue est que quoique le voile soit du même bloc de marbre, on croit voir à travers non-seulement toutes les formes de la figure, mais aussi les grâces de la charmante physionomie et le moelleux des traits apparaissent comme si l'on voyait le visage à découvert; l'habileté du sculpteur a rendu les effets d'un voile aussi fin avec une telle vérité qu'on a de la peine à le supposer sans l'avoir vu. La seconde statue réprésente le Vice détrompée par Queirolo, c'est un homme engagé dans un filet et qui s'efforce d'en sortir par le secours de son esprit, exprimé par un génie qui l'aide. Le filet est travaillé du même bloc de marbre que la figure ; cependant il la touche à peine et le travail de la statue est fait au travers des mailles du filet, qui ne lui est adhérent que dans très-peu de parties; c'est en fait de sculpture un tour de force qui est sans exemple, mais la grande hardiesse du travail fait tout le mérite de la pièce.

Tous ces palais renferment des peintures et des sculptures des plus grands maîtres. Le jardin de celui de Francavilla est fort beau.

Les autres édifices remarquables sont les hôpitaux ; l'albergo dei poveri ; la Cavallerezza ou le manège, les conservatoires, l'université ou lostudio nuovo, etc., etc., et surtout l'hôpital de l'Annonciade, cet établissement est destiné pour les enfans trouvés ; et soit par son étendue, soit par la manière dont il est administré, on peut dire qu'il rivalise avec celui du St. Esprit à Rome. L'église de cet hôpital est un des plus beaux édifices de Naples ; on y a prodigué le marbre, le Jaspe, l'agate et la cornaline. Sur la porte principale on lit cette inscription, qui annonce l'utilité de ce superbe établissement :

> Lac pueris, dotem nuptis velimque pudices
> datque medelam agris hæc opulenta domus
> Hinc merito sacra est illi ; quæ nuptæ, pudica,
> Et lactans, orbis vera medela fuit.

Le musée de Naples dit l'académie royale, mérite d'être vu ; il contient plusieurs salles magnifiques, qui renferment des objets précieux, parmi lesquelles la galerie des statues, la salle des Papiri et la bibliothèque sont surtout dignes de l'attention. Les marbres les plus célèbres de la galerie sont :

L'Hercule Farnèse, ouvrage grec de Glicon athénien.

La Flore aussi de Farnèse est surtout remarquable par sa belle draperie ; ces deux statues ont été trouvées à Rome, dans les Thermes de Caracalla. Il y a encore une superbe Vénus Callipighe ; une statue d'Aristide ; deux fameuses statues équestres de Marcus Nonius Balbus, le père et le fils ; deux Gladiateurs, d'une grande expression ; une Vénus victorieuse avec l'Amour ; un Ganimède avec Jupiter, sous la figure d'un aigle ; Agrippine assise, etc.

La salle des Papiri renferme une quantité d'écritures antiques faites sur des écorses de Papyrus d'Egypte trouvés à Stabia et à Herculanum.

La bibliothèque possède dans un local magnifique environ 50,000 volumes imprimés et 1,000 manuscrits.

Je ferai encore mention d'une salle qui renferme une grande quantité de vases étrusques, trouvés dans le royaume de Naples. On y voit aussi le modèle en liége de l'ancien théâtre d'Herculanum; une salle pour l'école de dessin, une autre qui renferme les plâtres des plus belles statues antiques; et une galerie de tableaux où l'on voit aussi les antiquités de la ville de Poëstum, font encore partie de ce musée.

Don Carlos établit à Naples, une académie sous le titre d'Hercolano, chargée d'expliquer les curiosités et les monumens antiques trouvés dans les ruines d'Herculanum. Cette académie s'est, depuis peu, enrichie de beaucoup de nouvelles découvertes.

§ XXXVI.

ÉGLISES.

On compte à Naples plus de 300 églises. La cathédrale dédiée à S^t. Janvier, est flanquée de quatre grosses tours. L'intérieur est décoré de 110 colonnes de granit ou de marbre d'Afrique, et revêtu de stucs dans lesquels sont encadrés les tableaux de Luc Jordans. Le plafond a été peint par Santa Fede. Le tableau du maître-autel est une assomption du Pérugin. On y voit un superbe vase antique de basalte sur un pied de Porphyre. Dans une chapelle souterraine, on conserve le corps de S^t. Janvier ; elle est revêtue de marbre blanc et soutenue par des colonnes qu'on regarde comme les restes d'un temple d'Apollon.

Au bas des fortifications du château S^t. Elme est la magnifique chartreuse de S^t. Martin ; sa situation est des plus heureuses : de là on voit à ses pieds toute la ville de Naples ; on distingue jusqu'à la couleur des habits de ceux qui se promènent dans les rues. A droite on a pour perspective : la mer, le golfe, le port, Portici, le Vésuve, et les côteaux qui l'environnent ; à gauche l'œil embrasse toute la campagne de Capoue et s'égare dans un vaste horizon. La maison est d'une élégante archi-tecture. L'église revêtue des plus beaux marbres, renferme d'excellentes peintures.

Le plafond est peint par Lanfranco, on y voit une descente de croix de l'Espagnolet, et douze autres tableaux du même qu'on regarde comme les meilleurs ouvrages de ce peintre ; une adoration des bergers du Guide fort estimée et plusieurs autres tableaux dans le goût de Paul Veronèse et de Michel Ange.

Le maître-autel est décoré de plusieurs figures d'argent, la balustrade est revêtue de jaspes, d'agates, de marbres antiques et autres pierres précieuses. La marqueterie de la sacristie est uni-que, on a trouvé le moyen de représenter avec des bois de différentes couleurs, plusieurs traits de l'histoire des Juifs.

L'intérieur de la maison offre aussi des tableaux d'un grand prix ; c'est dans l'appartement destiné aux étrangers qu'on admire le fameux Christ de Michel Ange, au sujet duquel on a imaginé la fable de l'assassinat du modèle par le peintre, pour mieux représenter le Christ mourant.

§ XXXVII.

CATACOMBES.

Aux cordeliers on voit un des plus anciens monumens de la primitive église : ce sont des catacombes, qu'on appelle aussi le cimetière de S^t. Janvier; ces catacombes sont fort supérieures à celles
de S^t. Sebastien de Rome. Elles sont creusées
dans le roc, et divisées en trois étages. Chaque
étage a plusieurs voûtes parallèles, assez étendues
pour y cacher 40,000 hommes.

On trouve en entrant une petite église entièrement creusée dans le roc, au milieu de laquelle
est un autel de pierre, et derrière cet autel un
demi rond avec une chaire et des banquettes, le
tout taillé dans le roc vif, c'était là que se faisaient les instructions. A côté de l'église sont les
excavations qui conduisent aux sépulcres. D'espace en espace, on rencontre des salles en demi
cercle, où l'on aperçoit encore quelques restes de
peintures à fresque, avec des inscriptions qu'on
ne peut plus lire. Là étaient sans doute placés
des autels. Dans l'épaisseur des pilastres, qui soutiennent les voûtes, sont de petites chambres sépulcrales ornées de peintures et de mosaïques,

où l'on entrait par une petite porte carrée. Au milieu du second étage est une chapelle, où l'on croit que se faisaient les ordinations; elle a trois nefs et aboutit à une salle très-vaste. On ignore si ces excavations ont été pratiquées par les chrétiens eux-mêmes, ou si c'étaient d'anciennes carrières, qu'ils ont accomodées à leurs cérémonies et à leurs usages; tout prouve néanmoins que c'étaient les lieux où ils s'assemblaient.

§ XXXVIII.

THEATRES.

La ville de Naples a des théâtres d'une grande beauté, celui de San Carlo, qui était le plus vaste qu'on connût en Europe, fut incendié et entièrement détruit en 1816.

J'y fus, lorsque le roi et S. A. R. le prince Léopold assistèrent, en 1815, à la première représentation en galla, qu'on y donnait pour célébrer le retour de S. M. dans ses états. La salle était richement et élégamment ornée, supérieurement bien éclairée, et le coup-d'œil de cette illumination et de la recherche des toilettes des 10,000 personnes qu'elle contenait, était des plus brillans et des plus majestueux. Cette salle avait six rangs de loges ; chaque rang de 26 loges et chaque loge pour 12 personnes. Les escaliers et les corridors étaient fort beaux et commodes, et les décorations superbes. On a rebâti, sur la même place et sur le même modèle, un nouveau théâtre, qui doit égaler le premier ; et l'on y joue l'opéra comme ci-devant. Il y a encore les théâtres des Florentins, de S^t. Ferdinand, le petit théâtre neuf, et celui de San Carlino, qui est très-fréquenté.

La musique, cet art pour lequel les Italiens ont un goût tout particulier, est surtout en grande recommandation à Naples, qui a produit de tous temps d'excellens musiciens.

§ XXXIX.

HOMMES CÉLÈBRES NÉS A NAPLES ; SES HABITANS.

Cicéron et Sénèque appelaient Naples la mère des études ; en effet cette ville a produit un grand nombre d'hommes célèbres. Nous n'en citerons que quelques-uns, savoir : le mathématicien Dionapolites dont parle S^t. Augustin ; J.-B. Porta, grand physicien ; Colonna, botaniste ; François Fontana, astronome ; le Tasse, Sannazar, poètes qu'il suffit de nommer ; Luca Giordano ou Jordans, Salvator Rosa, Solimène, Paul Matteis, Santa Croce et surtout le Bernin, artistes, qui ont porté la peinture, la sculpture et l'architecture à leur plus haut point de perfection.

Les étrangers se plaisent beaucoup à Naples ; Cicéron, Senèque et Virgile, s'y retiraient pour jouir de la douceur de son climat et de la beauté des campagnes qui l'environnent. Bocace et Fontanus ont rendu le même hommage à son agréable séjour.

Quoique les Napolitains soient d'un caractère paresseux, ils ne laissent pas que de faire un commerce assez considérable : la fertilité du pays la multitude des ports maritimes. dissiminés sur la côte, tout semble contribuer à vaincre leur apathie naturelle. Ils ont des fabriques de savon, des manufactures d'étoffes de soie de toute espèce : les essences, les fleurs artificielles, les confitures, les raisins secs ; une couleur fort usitée parmi les peintres, appellée Giallolino, ou Jaune de Naples, et-les cordes de violon sont aussi une branche considérable de leur commerce.

La noblesse de Naples est très-nombreuse ; elle a beaucoup d'ostentation ; ses équipages sont superbes et nombreux ; ses habillemens sont encore riche et élégans quoique plus aussi fastueux ; ce n'était que soie que broderie en or et en argent. La plus grande liberté règne dans cette ville et les femmes y sont moins réservées que partout ailleurs

Quant au bas peuple plusieurs vices forment la base de son caractère, de ses mœurs et de ses usages ; grossièreté, paresse, dissimulation, mutinerie, férocité, lâcheté au moindre danger, nulle foi, nulle probité, la débauche, et, par-dessus tout, une superstition poussée jusqu'aux derniers accès de fanatisme.

Malgré cela on n'a jamais pu introduire l'inquisition à Naples, les habitans de cette ville s'y sont toujours opposés. Les Lazzaroni au nombre de plus de 40,000 sont la partie la plus indigente, mais la plus déterminée de la population de Naples. Ce sont une espèce d'hommes qui n'ont ni état, ni profession, ne se faisant remarquer que par leur extrême misère, à demi nus, sans demeure fixe, couchant dans les rues de Naples, satisfaits s'ils y trouvent un abri contre les intempéries de l'air, et ne surmontant leur paresse naturelle et l'horreur qu'ils ont pour le travail, qu'afin de se procurer quelques faibles moyens d'existence. Cette classe profondément immorale a plusieurs fois troublé la tranquillité publique ; mais le gouvernement la tolère, et alors elle cesse d'être un problème. C'est bien le cas de dire ici, ô temps! ô mœurs! quels hommes ont succédé aux anciens habitans de la grande Grèce; de ce pays régi par les lois des Pythagore, des Zaleucus, des Carondas, des Parmenide, des Zenon, honoré de la présence d'Homère, de Simonide, de Pindare de Platon et l'asile des arts et de la philosophie.

SECONDE SECTION.

DESCRIPTION DES ENVIRONS DE NAPLES.

§ XL.

MONTAGNE ET GROTTE DE PAUSILIPPE ET TOMBEAU DE VIRGILE.

MONTAGNE ET GROTTE DE PAUSILIPPE

Les environs de Naples sont de la plus grande fertilité; la nature quoique mal secondée par l'industrie humaine, y prodigue ses richesses et l'on y vit à très-bon marché.

Pausilippe est un nom grec qui signifie cessation de tristesse. C'est le nom qu'on a donné à juste titre à une montagne qui couronne Naples du côté du golfe dont une partie se nomme Mergellina, et offre la plus belle promenade. Cette montagne célèbre où Marius, Pompée, Virgile, Cicéron et Lucullus avaient leurs maisons de campagne est encore aujourd'hui couverte de belles maisons et de jardins toujours verts, et offre l'aspect le plus riant. Elle est percée à la base par un chemin souterrain, qui a 960 pas de longueur, 30 pieds de largeur, et 50 de hauteur. Cette grotte immense est éclairée, autant qu'elle peut l'être par deux soupiraux pratiqués vers ses deux extrémités ; on croit qu'un ouvrage si singulier fut entrepris pour abréger le chemin de Naples à Pouzol, et éviter ainsi de gravir la montagne. Varron, Senèque et Strabon en parlent ; mais on ignore quel fut l'auteur de cette gigantesque entreprise.

TOMBEAU DE VIRGILE.

Au dessus de l'entrée de la grotte du côté de Naples est le tombeau de Virgile ; c'est une masure ou espèce de grotte. On n'y voit dans l'intérieur ni l'urne, ni aucun reste des colonnes qui doivent y avoir existé ; mais seulement quatre murailles formant un carré qui soutiennent une voûte faite en forme de coupole. Il y a trois fenêtres au haut de

la voûte, une porte et des niches dans les murailles,
Il est vraisemblable que l'urne cinéraire de Virgile
figurait dans la niche du milieu. L'épitaphe de ce
poète, faite dit-on par lui même est gravé sur
un marbre blanc, attaché au rocher.

> Mantua me genuit ; Calabri rapuere : tenet nunc
> Parthenope ; Cecini pascua, rura, duces.

Au - dessus du tombeau, parmi beaucoup de
ronces, de pariétaires et autres herbes sauvages
est (disent toutes les descriptions) un ancien laurier, qui, à ce qu'on prétend, crût de soi-même
sur le tombeau de ce grand poète, dès que ses cendres y eurent été déposées.

Une inscription en quatre vers latins que Pierre
d'Aragon fit placer dans ce lieu a consacré cette
opinion fabuleuse ; elle est ainsi conçue :

> Ecce meos cineres, timulentia saxa coronat
> Laurus rara sola, vivida Pausilippi
> Si tumulus ruat, æternum hic monumenta Maronis
> Servabant lauri lauriferi cineres.

Lorsque j'y fus ce laurier n'existait plus, cependant pour en conserver l'espèce on avait eu soin
de replanter sa dernière branche, et on continue
de faire des boutures qu'on replante autour.

De la faible branche qui était alors en croissance, je reçus du *cicerone*, comme tous les visiteurs, une feuille de cet arbre, fort vénéré des habitans.

De la montagne du Pausilippe on jouit du spectacle de la mer, qui est quelquefois étincelante de lumière, phénomène occasionné par une espèce d'insectes qu'on appelle lucioles, et par l'agitation des flots; on sait que dans les pays chauds l'eau de la mer est très-phosphorique. Le promontoire du Pausilippe est fortifié : on y voit les restes des bains de Lucullus et d'un temple de la Fortune,

§ XLI.

LE LAC D'AGNANO ; BAINS DE St. GERMANO ; LA GROTTE DU CHIEN ; LA SOLFATARA.

LE LAC D'AGNANO.

En sortant de la grotte de Pausilippe du côté de Pouzol, on trouve un beau chemin, qui conduit à cette ville : mais si l'on se détourne à droite pour prendre l'ancienne voie, on ne tarde pas à rencontrer le lac d'Agnano, dont la forme circulaire a un mille de tour.

Quoique de lac paraisse bouillonner, ses eaux n'ont aucune chaleur sensible, phénomène dont il est assez difficile de rendre raison. Du reste il est couvert d'oiseaux de rivière, de toute espèce, et l'on y pêche d'excellentes tanches.

Tout près de ce même lac, sont les bains de vapeurs de San Germano, très-propres, dit-on, à guérir ou à soulager dans les maladies chroniques telles que la goutte, la paralysie, les douleurs rhumatismales.

LA GROTTE DU CHIEN.

A environ cent pas de ces bains, près du lac, et sur les revers de la montagne est la grotte du Chien : sa hauteur est d'environ 9 pieds ; sa largeur de 4 et sa profondeur de 10 ; elle est creusée dans un terrain sablonneux ; une vapeur légère, sensible à la vue et semblable à celle du charbon, s'élève à six pouces au-dessus du sol. Dans cette grotte, on ne sent d'autre odeur, que celle que produit naturellement un souterrain chaud et enfermé ; on l'a appelé la grotte du Chien, parce que c'est l'animal qu'on choisit presque toujours pour faire l'expérience de l'action de la vapeur sur la vie animale. Si l'on couche un chien contre terre seulement pendant quelques minutes, cet animal est agité de violentes convulsions, qui ne tarderaient pas à le faire mourir, mais mis hors de la grotte, il reprend ses forces.

LA SOLFATARA.

Après avoir parcouru les bords du lac d'Agnano. et ses environs, on prend le chemin qui contourne la montagne appelée la Solfatara, c'est une espèce de Volcan, qui occupe un bassin ovale de 250 toises de longueur, placé sur une hauteur environnée de collines, excepté du côté du midi. Le nom de Solfatara lui vient de la grande quantité de souffre, qu'il contient et qu'on y ramasse effectivement.

On l'appelait autrefois Phlegra, forum Vulcani, Colles, Leucogoci; c'était le centre des champs Phlegréens, si célèbres dans la Fable, et qui furent le théâtre des combats d'Hercule contre les géans, espèce d'hommes féroces et terribles. Les habitans de ce pays tiennent encore de ce caractère.

A en juger par le résonnement sourd qu'on entend sous ses pieds, et surtout lorsqu'on jette une pierre dans un creux qui est vers le milieu du bassin, il paraît que le terrain est creusé par dessous, ou peut-être ce terrain n'est-il qu'une croute formée par les matières en fermentation. Il y a des endroits où l'on ne passerait pas sans danger. Des physiciens pensent que le feu interne consumera peu-à-peu la voute extérieure, et qu'alors il pourra se former un lac.

§ XLII.

POUZOL, TEMPLE D'AUGUSTE DE SERAPIS, AMPHITHEATRE OU COLOSEE; TEMPLES DE DIANE ET DE NEPTUNE; BAIES; BAULI; TOMBEAU D'AGRIPPINE; PONT DE CALIGULA; LE LAC LUCRIN OU MONTE NUOVO.

POUZOL.

En descendant la montagne de la Solfatara, on n'a que l'espace d'environ un mille à parcourir pour arriver à Pouzol petite ville de dix mille ames autrefois très-considérable, située à deux lieues et demie de Naples, sur le golfe appelé Sinus Putéolanus. Elle prit le nom de Pozzuoli du grand nombre de sources minérales qui y sont ou des puits qui furent creusés par les Romains, lorsque Quintus Fabius y conduisit une colonie dans la guerre contre Annibal et qu'il fortifia, comme le raconte Tite-Live. Suivant quelques historiens, elle fut fondée par des Samiens, venus à Cumes, sous la conduite de Diccarchus, 469 ans avant J. C. Suivant Strabon, par Duccus, fils de Neptune ou d'Hercule, 522 avant l'ère chrétienne. Des inscriptions anciennes semblent prouver qu'elle se gouvernait d'après ses propres lois. Les Romains y élevèrent une grande quantité d'édifices et de maisons de campagne.

TEMPLE D'AUGUSTE.

La cathédrale de St-Janvier, est un ancien temple dédié à Auguste, comme le dit l'inscription qu'on trouve sur le portique. Ce temple est composé de belles pierres de taille assemblées sans ciment; on voit encore du côté de la cour, une partie des colonnes corinthiennes dont il était décoré. Cette cathédrale est des plus anciennes. St-Paul y prêcha l'évangile comme on le voit dans le livre des apôtres, chapitre 8.

TEMPLE DE SERAPIS.

On voit encore à Pouzol, le reste d'un autre temple qui devait être de la plus grande beauté; les uns croyent qu'il était consacré à Sérapis, les autres aux Nymphes. Il était revêtu de beaux marbres d'Afrique et de Sicile, de figure quadrilatère, long de 200 pieds, large de 160, environné de 42 chambres carrées, dont quelques-unes subsistent encore, de même qu'une salle de bains à l'usage des sacrificateurs, l'écouloir des eaux et du sang des victimes et les anneaux auxquels on les attachait. Le sanctuaire était de figure circulaire de 65 pieds de diamètre, et il était environné de 16 colonnes, qui soutenaient la coupole. La forme de ce temple, son élégance, sa légèreté auraient pu servir d'un précieux modèle pour d'autres constructions de ce genre, et j'ai éprouvé de bien vifs regrets de ce qu'on n'a point conservé ce temple, en voyant combien il aurait été facile de le restaurer, puisque tous les matériaux étaient en place. Ce temple ne fut debarrassé des terres, dont il était recouvert depuis long-temps, qu'en 1750. Le plan, le pavé en larges dalles de marbre blanc, le revêtissement entier aussi en marbre, la colonnade qui soutenait la coupole, n'avaient souffert aucune altération. Mais on a enlevé de l'édifice, les statues, les vases d'un très-beau travail, des colonnes et tout ce qui servait à son embellissement ; je n'y ai plus trouvé, hors les restes déjà indiqués que le soubassement du sanctuaire, trois belles colonnes sur pied et différens tronçons à terre.

Dans une place de Pouzol, figure un piédestal de marbre blanc, orné de bas-reliefs, qui représentent 14 villes d'Asie, détruites par un tremblement de terre, et réparées par Tibère ; ce piédestal était sans doute surmonté de la statue de cet empereur. Dans une autre place est une statue romaine de six pieds de haut, très-bien conservée ; elle fut érigée suivant l'inscription à Flavius-Marius-Egnatius-Julianus, préteur et augure.

L'AMPHITHEATRE OU COLOSEO.

De toutes les antiquités de Pouzol, l'amphithéâtre est ce qu'il y a de plus remarquable. On l'appele Coloseo ; il était aussi grand que le Colisée de Rome, bâti à deux étages, et pouvait contenir jusqu'à 25,000 spectateurs. Suetone nous apprend qu'on y célébra des jeux auxquels l'empereur Auguste assista. L'arène qui avait 250 pieds de long, est aujourd'hui convertie en jardin. On distingue encore les portiques qui servaient d'entrée, et les caves où on renfermait les bêtes. Une inscription dit que St Janvier y ayant été exposé par le tyran Thimotée à des ours affamés, ces animaux se mirent à genoux devant lui, en sorte que le tyran fut obligé de lui faire couper la tête ! Près de l'amphithéâtre, on voit les restes d'un temple de Diane. Plus loin, ceux d'un magnifique temple de Neptune. On trouve encore non loin du Coloseo, un grand bâtiment souterrain, nommé le labyrinthe de Dedale destiné à conserver les eaux pour l'usage de la ville.

A un quart d'heure de Pouzol sur la voie Consulaire, on trouve plusieurs anciens tombeaux, où l'on descend au moyen d'échelles, mais je n'ai pas eu le temps d'aller les visiter.

Au bas de la ville de Pouzol la mer forme un golfe du même nom que la ville qui s'avance en demi cercle dans les terres ; sur ses bords on montre les restes de la maison de campagne de Cicéron. Les flots ont couvert une immense quantité de ruines, qu'ils rejettent quelquefois.

BAIES.

Baies est sur la côte opposée : Varron et Strabon disent que Bajus compagnon d'Ulysse qui y fut enterré lui donna son nom.

C'est dans ses environs qu'Hercule défit les géans.

Il paraît encore quelques débris de la maison de Pison, où se forma la conjuration contre Néron ; mais l'on ne sait plus indiquer celle de Jules César, dans laquelle Marcellus fut empoisonné par Livie, femme d'Auguste, pour faire empereur son fils Tibère. Varron, Tacite, Virgile et Senèque font souvent mention de Baies et des maisons de campagne qu'avaient dans ses environs César, Sylla, Pompée, Marius, Néron.

Cette ville a été fort célébrée par les anciens et en effet elle méritait de l'être.

A cause des eaux médicinales qu'on y trouvait,

on en avait fait, comme cela arrive ordinairement, le séjour de la volupté. Les femmes les plus galantes ne manquaient pas de s'y rendre pour y passer l'automne ; il n'y avait pas de Romain un peu riche qui ne voulût y avoir une maison ; le terrain n'étant pas assez vaste on y avait suppléé en élévant des terrasses les unes sur les autres. La côte est couverte de magnifiques ruines; mais la mer en gagnant de ce côté a couvert une partie de ces ruines et empêche les fouilles qu'on aurait pu y faire.

Malgré le ravage des siècles, des barbares et des tremblemens de terre, la nature y paraît encore dans toute sa force, dans toute sa beauté ; il y règne comme au temps de Virgile un printemps éternel; l'hiver n'y fait jamais ressentir ses rigueurs; mais cette surprenante fécondité, cette riche parure, dont la terre se couvre sont des biens dont l'homme ne peut plus jouir : l'air empesté par les exhalaisons des marécages, rend le séjour de Baies très-dangereux. Sous Charles VIII et Louis XII l'armée française y périt presque en entier, et cette contrée, qui était autrefois un lieu de délices, où suivant l'expression de Martial les Pénélopes devenaient des Hélènes est aujourd'hui presque déserte et n'est habitée que par quelques paysans grossiers et paresseux, Varron, Tacite et Sénèque parlent

d'une infinité de palais de Baies, qui étaient habités par les Romains les plus voluptueux. Ce fut
dans cette ville que se forma le célèbre triumvirat
de César, de Lepide et d'Antoine. Adrien y finit
ses jours.

Le golfe de Baies est entouré d'un côteau qui
forme une espèce d'amphithéâtre ; ce côteau est
couvert d'arbustes toujours verts qui ombragent
de fort belles ruines. Dans le bas du vallon et
près de la mer, on voit plusieurs temples antiques
dont quelques – uns sont assez bien conservés,
savoir : un temple de Diane-Lucifère, un autre
de Mercure et un troisième de Vénus. Ces temples
sont situés dans un endroit si marécageux que pour
y arriver on est obligé de se faire porter sur les
épaules des mariniers. La voute du temple de
Diane-Lucifère est tombée. Le temple de Mercure
est une grande rotonde qui prend le jour par le
milieu, comme le Panthéon à Rome ; celui de
Vénus, fut dit-on, consacré par César à Vénus-
mère. La coupole, et les petites chambres des
côtés et les bains des ministres subsistent encore.

Au-dessous sont plusieurs chambres ornées de
stucs et de bas-reliefs, et qu'on croit avoir été
l'asile de la débauche ; mais il est possible qu'elles

étaient destinées aux époux qui allaient invoquer la déesse pour avoir des enfans.

Le château de Baies bâti sur le cap, par le vice-roi Pierre de Tolède, est une forteresse médiocre du côté de terre, mais très-bonne pour la défense de la plage. Il paraît d'après la continuité des ruines que l'ancienne ville de Baies occupait tout l'espace compris entre le château et les bains de Tritoli. Baies n'est plus aujourd'hui qu'un méchant bourg, situé au fond du golfe, et habité par de misérables paysans ou des mariniers.

BAULI.

Bauli est un petit canton entre Baies et le cap Misène ; c'est là dit-on, qu'Hercule aborda en revenant d'Espagne, après la défaite du tyran Gérion. Au bas du village de Bauli, on voit un port tel que Tacite l'a décrit en parlant de la réception que Néron fit à sa mère Agrippine, lorsqu'elle vint de Rome à Bauli pour assister aux fêtes qu'on devait y donner.

TOMBEAU D'AGRIPPINE.

On sait que Néron, fatigué des remontrances de sa mère, résolut de s'en défaire ; que feignant de vouloir se réconcilier avec elle, il l'invita à une fête qu'il donna dans son palais de Bauli, et qu'après le souper, il la reconduisit dans le bâteau qui devait la ramener à Baies. Ce bâteau était construit de manière à s'ouvrir en mer et à engloutir la victime. Mais cet infernal moyen ne réussit pas; Agrippine se sauva à la nage et se réfugia dans sa maison de campagne, où elle fut assassinée la même nuit. Ses domestiques l'enterrèrent près du chemin de Misène et de la maison de Néron, qui était sur la hauteur. Le tombeau a la forme d'un demi cercle avec une galerie tout autour. La voûte est répartie en compartimens de stuc, les sculptures ou bas-reliefs sont assez bien conservés; mais l'entrée de l'édifice est presque bouchée par les terres qui couvrent le pavé et l'endroit où l'urne était placée. Il y a des inscriptions qu'il est très-difficile de lire, à cause de l'obscurité du souterrain et de la fumée des flambeaux que les conducteurs y apportent. Cette fumée a formé une espèce de suie, qui s'attachant aux voûtes et aux murailles en masque les ornemens.

Bauli est environné de tombeaux antiques dont quelques-uns sont ornés de bas-reliefs, de peintures et de dorures; on y voit des voûtes de 12 à 15 pieds de longueur sur 10 de largeur, remplies de niches où l'on mettait les urnes cinéraires.

De Baies à Pouzol il y a une traversée de cinq quarts de lieues, c'est dans cette direction et sur les bords du golfe de Pouzol qu'on voit les ruines du pont de Caligula.

PONT DE CALIGULA.

Il ne reste plus que treize pilliers et plusieurs arcs qui paraissent être les ruines d'un môle et de vingt arcs faits pour briser les flots et garantir les vaisseaux de la tempête. A son extrêmité commençait le pont que l'empereur Caligula fit jeter pour aller de Pouzol à Baies en traversant la mer dans un espace de 3,600 pas en droite ligne dont il est parlé dans Suétone et dans Strabon. L'orgueil extravagant de Caligula qui avait resolu d'aller en triomphe sur la mer, parvint à surmonter les difficultés inouïes que présenta la profondeur de la mer, qui après plusieurs travaux immenses commencés inutilement, nécessita de réunir une prodigieuse quantité de grands bateaux fixés par des ancres et des chaînes. Sur ces bâtimens on pratiqua une large chaussée pavée, recouverte de terre, puis on y établit un second pavé encore recouvert de sable. Cette chaussée avait de beaux parapets des deux côtés sur le modèle de la voie Appienne.

LE LAC LUCRIN, OU LE MONTE NUOVO.

En partant de Pouzol et côtoyant le golfe on arrive à l'endroit où était autrefois le lac Lucrin si fameux par le goût exquis des huîtres vertes que les romains y faisaient nourrir; ce lac n'existe plus : un tremblement de terre combla son bassin qui n'offre maintenant qu'un terrain marécageux et couvert de joncs.

Voici ce que disent les historiens de ce terrible événement. Du 10 au 30 septembre 1538 la terre éprouva des secousses violentes. Il existait un gros bourg très-peuplé entre le lac Lucrin et la mer; ce bourg avait une église paroissiale, un couvent de franciscains et un hôpital dans sa partie inférieure. A l'endroit même, où était l'hôpital s'ouvrit un gouffre, d'où sortit une flamme mêlée d'une épaisse fumée qui éleva dans l'air une grande quantité de pierres et de sables ardens. Cette éruption accompagnée d'éclairs, de tonnerres et de tremblémens de terre dura 24 heures, pendant lesquels se forma la montagne qui couvre une partie du lac Lucrin. La mer envahit l'emplacement du village qui fut englouti ainsi que ses habitans. Les environs de ce lieu, jadis si beaux et si fertiles, furent entièrement bouleversés. Les habitans de Pouzol, effrayés s'enfuirent du côté de Naples et eurent bien de la peine à se déterminer à revenir.

Le monte nuovo qui a remplacé le lac Lucrin n'est donc qu'un amas considérable de pierres brûlées, de scories et d'écumes semblables aux laves du Vésuve, que la fermentation intérieure souleva et rejeta hors du sein de la terre. Le lac Lucrin était anciennement uni à la mer : on l'en sépara par des digues d'un travail immense afin d'y retenir les poissons et les huîtres. Virgile parle du projet qu'Auguste avait formé d'en faire un port et de pratiquer un canal de communication entre ce lac et celui d'Averne.

§ LXIII

LE LAC AVERNE; LA CAVERNE DE LA SIBYLLE; BAINS DE NERON; CUMES; LE TEMPLE DES GEANS; LE TOMBEAU DE SCIPION.

LE LAC D'AVERNE.

A un demi mille de Monte Nuovo et en tournant à droite, on trouve le lac Averne; son bassin très-profond de forme ronde a 300 toises de diamêtre et est bordé de hautes montagnes autrefois hérissées d'épaisses et sombres forêts qui le couvraient d'une ombre éternelle. Il semble être le cratère d'un volcan.

On y sacrifiait aux dieux infernaux, l'horreur habitait dans cette retraite obscure et les oiseaux ne volaient point impunément au – dessus. Telle est la description qu'en fait Virgile dans le 6me livre de l'Enéide. Aujourd'hui on ne connaît que le fond du tableau. Ce lac ne rend plus de vapeurs malfaisantes; il est très-poissonneux et l'on y voit beaucoup d'oiseaux de rivière. Ses eaux sont limpides et fraîches, il a 406 pieds de profondeur. Il est possible que du temps de Virgile, les montagnes environnantes n'avaient pas été dépouillées de leurs antiques forêts, que des éruptions volcaniques avaient fait couler dans ce lac des ruisseaux de souffre, qui avaient fait périr les poissons : et que l'air infecté par les vapeurs de ce souffre, empêchait les oiseaux d'en approcher.

Sur les bords de l'Averna et au levant, on trouve un temple qu'on dit avoir été consacré à Apollon. Il reste encore la moitié de l'édifice.

LA CAVERNE DE LA SIBYLLE.

Tout près de la rive opposée de ce lac, et

au pied d'une colline est la fameuse caverne de la Sibylle ; cette caverne communiquait sans doute à celle dont l'entrée était à Cumes. L'ouverture de celle dont il s'agit ici, est large, remplie de cailloutages, ombragée d'arbres extrêmement touffus, défendue par un petit lac noir et profond et tel à-peu-près que Virgile l'a décrit ; mais cette ouverture est presque bouchée, par des attérissemens. L'excavation qui s'étendait depuis le lac Averne jusqu'à Cumes n'a plus que 200 pas de long. Les éboulémens en ont intercepté le passage. On pénètre dans l'intérieur de la caverne, par une petite porte carrée ouverte dans le roc, de cinq pieds et demi de hauteur sur trois de largeur ; qui répond à un escalier aussi taillé dans le roc en forme de limaçon, lequel conduit jusqu'aux bains de la Sibylle ; c'est ainsi qu'on appelle deux petites chambres carrées, qu'on croit être à plus de cent pieds au-dessous de niveau de la grotte. Il paraît que ces deux pièces étaient anciennement fort ornées et pavées de mosaïques. Tout autour règne une espèce de banquette. On prétend qu'il y avait plusieurs autres pièces, mais auxquelles on ne peut plus arriver à cause des éboulemens. C'est par là que Virgile fait descendre Énée aux enfers.

BAINS DE NÉRON.

Non loin du lac d'Averne sur une colline qui est

auprès de Baies, les habitans de cette dernière ville montrent aux voyageurs les étuves de Tritoli sous le nom des Bains de Néron. Ces habitans vont avec la plus grande facilité jusqu'au fond d'une grotte longue et étroite, chercher à la source l'eau qui est presque bouillante. La chaleur de cette grotte est si grande qu'au bout de dix pas nous nous trouvâmes presque suffoqués, et il faut de l'habitude et de la force pour aller plus loin : ceux qui y entrent sont presque nuds et ils en reviennent au bout de deux minutes tous couverts de sueur, le visage aussi enflammé que s'ils avaient été devant le plus ardent brasier. Il y a dans ces étuves six rues ou galeries qui ont six pieds de haut et trois et demi de large. Au commencement de l'été les malades qui doivent prendre les bains de vapeurs y sont envoyés ; ils doivent y passer une demi heure après quoi on les met au lit dans un endroit moins chaud.

CUMES.

Au nord et à environ un mille du lac d'Averne était l'ancienne ville de Cumes, bâtie par des Grecs venus de l'île d'Eubée.

Virgile raconte que lorsque Enée y aborda, il y trouva un temple que Dédale avait bâti à l'honneur d'Apollon, en lui consacrant les ailes qui lui avaient servi pour s'échapper du labyrinthe de Minos.

La beauté des ruines de cette ville fait ajouter foi aux récits de Virgile, quelque merveilleux qu'ils paraissent ; le luxe des habitans était porté à un tel point que suivant Athénée ils étaient couverts de draps d'or et n'allaient jamais que dans des chars. Cependant la situation plus heureuse de Baies et de Pouzol obtint la préférence des romains, et Cumes ne tarda pas à se dépeupler. Dans le suite elle fut dévastée par les Vendales, les Goths et les Sarrasins. Les monumens antiques qu'on y voit sont encore assez bien conservés. Les ravages du temps et les volcans ont moins contribué à leur destruction que la férocité des hommes. Avant d'y arriver on trouve un arc de triomphe bâti de gros quartiers de marbre et assez ressemblant à celui de Janus à Rome.

A une petite distance des anciens murs, qui formaient l'enceinte de Cumes, on voit un édifice de 29 pieds de long sur 25 de large, dont la voûte est encore dans son entier ; on l'appelle le temple des géans.

LE TEMPLE DES GEANS.

On ignore qu'elle était autrefois sa destination, mais son nom rappelle les anciens habitans de ce pays que Diodore de Sicile dit avoir habité dans les champs Flégreens, et avoir été vaincus par Hercule. On y a trouvé des statues colossales dont on en voyait une autrefois, à Naples sur la place du palais royal.

C'est à Cumes qu'était l'entrée de la grotte de la Sybille, qui continuait jusqu'à Baies et communiquait à celle dont l'entrée est sur le lac d'Averne. Les éboulemens ne permettent que d'y avancer une centaine de toises.

LE TOMBEAU DE SCIPION.

Entre Cumes et Volturne à l'embouchure de la rivière Clavius était autrefois la ville de Li-terne totalement détruite par les Vandales an 455 de Rome. Elle fut célèbre par l'exil volontaire, et par la mort de Scipion l'Africain, qui y avait une maison de plaisance. Ce vainqueur d'Annibal, de Syphax et de Carthage, fut accusé par le peuple, d'intelligence secrète avec Antiochus. Au lieu de se justifier il s'écria : « Romains c'est à pareil jour que j'ai vaincu

» Annibal, allons remercier les dieux »; tout le monde le suivit et les accusateurs furent aban‑donnés.

Cependant Scipion indigné, se retira dans sa maison de campagne près de Literne, où il mourut, 187 ans avant l'ère chrétienne. On y trouve aujourd'hui une ancienne tour, appelée Forre di Patria, parce qu'on y voit en gros caractères le mot Patria, reste d'une ancienne inscription. On me la montra comme étant le tombeau de Scipion l'Africain, et voici la meilleure explication du mot Patria, qui s'accorde avec Tite-Live, C. 1 et C. 56. « Scipion fut enterré avec le poète Ennius, qu'il avait toujours aimé, et qui avait chanté ses victoires; on voyait sur son tombeau cette inscription : « *Ingrata Patria nec ossa mea habes* »; et le lieu et d'autres circonstances font croire avec beaucoup de probabilité, que le nom Patria que l'on voit sur cette tour, est resté de l'inscription.

§ XLIV.

LAC ET CANAL DE FUSARO, anciennement L'ACHERON; LES CHAMPS ELYSEES; LE CAP DE MISENE.

De Cumes en longeant la côte et se dirigeant

vers le couchant, on rencontre le lac Fusaro ou Collucio, qui communique avec la mer par un canal étroit; c'est ce que les anciens appelaient l'Achéron; c'était là, que selon les poètes, le batelier Charon passait les ombres pour une pièce de monnaie qu'elles étaient obligées de lui donner. Il refusait de recevoir dans la barque celles dont le corps n'avaient pas été inhumés, et les laissait errer cent ans sur le rivage sans être touché des instances qu'elles faisaient pour passer. Ce qui pouvait avoir donné lieu à cette fable, c'est qu'il fallait passer le lac Fusaro, ou l'Achéron pour parvenir aux Champs Élysées, où il n'y avaient que les riches qui fussent inhumés; en sorte que ceux qui n'avaient pas de quoi payer, restaient en deçà du lac.

LES CHAMPS ÉLYSEES.

Entre le lac Fusaro, que Virgile appelle l'Achéron, et celui de Mare-Morte, est une petite contrée qui porte le nom de Mercato del Sabato. Là, sur une pente douce, qui s'étend depuis le lac Fusaro jusqu'aux bords de la mer, entre le levant et le midi, étaient autrefois des jardins délicieux, plantés d'arbres toujours verts et arrosés de belles fontaines, c'est ce que les poétes ont appelé les Champs Élisées.

Quoique ces lieux aient été désolés par plusieurs tremblemens de terre, ils sont encore tels que Virgile les a célébrés, mais comme nous l'avons déjà fait observer, un air infecté par des vapeurs marécageuses, ravit aux habitans tout le prix des beautés que la nature y prodigue.

LE CAP DE MISÈNE.

Après le lac de Mare-Morte, qui est dans le voisinage des Champs Elisées, vient le cap de Misène, qui occupe la pointe méridionale du golfe de Pouzol.

L'origine du nom de Misène vient suivant Virgile d'un habile trompette qui, après la mort d'Hector, s'attacha à Enée et qu'un triton précipita dans les flots, pour se venger d'un défi qu'il en avait reçu. Son corps fut trouvé sur le promontoire, qui s'appelait alors le mont Aérien, et où le prince troyen lui fit faire des funérailles magnifiques.

> Monte sub aerio qui nunc
> Misenus ab illo dicitur.

C'était à Misène qu'était la station de la flotte romaine, destinée à maintenir la sûreté des mers et des côtes, depuis le détroit de Messine jusqu'aux colonnes d'Hercule. Il y avait un phare pour éclairer les vaisseaux ; sur le sommet du promontoire, était une ville, et au bas un port qu'Agrippa avait fait construire. La ville fut prise et pillée par les Lombards en 836, et les Sarrasins achevèrent de la ruiner.

Sous la pointe du promontoire on voit une des cavernes spacieuses que la nature se plait quelquefois à former, qu'on appelle grotta Traconara. Les Romains l'agrandirent et la fortifièrent. Les voûtes en étaient soutenues par de gros pilliers placés de distance en distance. De vastes réservoirs occupaient le fond de la caverne, où il tombe beaucoup d'eaux pluviales. C'était là dit-on, qu'on conservait une grande quantité d'eau douce, pour la flotte romaine. D'autres prétendent que Néron avait fait creuser cette caverne pour y conduire les eaux chaudes de Baies et les tempérer par des eaux pluviales.

Ce souterrain est aujourd'hui presque entièrement ruiné. Au pied de la montagne et dans la mer même est une source d'eau douce, qu'on croit avoir été la fontaine du temple des nymphes, bâti par Domitien et dont la source ne tarissait jamais.

Il y a encore sur le promontoire de Misène une tour dans laquelle on allume tous les soirs une lanterne pour éclairer, pendant la nuit, les vaisseaux qui entrent dans le golfe. C'est de là que partit Pline le naturaliste, pour aller observer de plus près la fameuse éruption du Vésuve de 79, dans laquelle il périt.

Du cap de Misène, on peut retourner à Naples par mer. Cette traversée qui est très-agréable, se fait en quelques heures de temps.

Je dois remettre de parler des environs au sud-est de Naples, que Portici, Herculanum, le Vésuve et Pompeia rendent si remarquables, au dernier chapitre de ce volume, qui contiendra la description de la route de Naples à Evoli, vu que ces environs de Naples n'entrent plus dans le cadre du théâtre de la guerre situé entre Modène et Naples, et que ce n'est que comme supplément qu'on peut leurs assigner une place à la fin de cet ouvrage.

CHAPITRE VI.

(G) *Route secondaire de Florence par Arezzo et Perugia à Foligno, suivie par le corps d'armée du lieutenant-général Bianchi, et les divisions napolitaines de Livron et de Pignatelli.* Planche n° 1.

CETTE route quoique beaucoup plus rapprochée de la chaîne principale des Appenins est assez bien entretenue, et la plupart des pays qu'on a à parcourir sont fertiles et couverts de villages assez peuplés.

§. XLV.

St.-DONATO; LEVANE; AREZZO; CORTONE; TEMPLE DE BACCHUS; TOMBEAU DU CONSUL FLAMINIUS; LAC DE PEROUSE, autrefois TRASIMÈNE; PEROUSE; église de Notre-Dame des Anges.

Pour aller de Florence à Arezzo qui en est à 12 lieues, on traverse d'abord une partie de cette belle plaine arrosée par l'Arno, et où la culture et la population florentine se montrent avec leur élégante recherche et leur costume gracieux; puis longeant un torrent assez rapide mais contenu par les murs d'une foule de terrasses et de jardins, on gravit une colline au sommet de laquelle est bâti le village de St.-

Donato. Cette colline fait partie de la région de ces petites montagnes calcaires, qui se succèdent les unes aux autres et couvrent de leurs formes pyramidales toutes la surface du pays jusqu'à Sienne et à Montepulciano. Ces montagnes produisent les meilleurs vins d'Italie, et l'olivier végète sur la plupart de leurs pentes; mais quelques unes de ces montagnes sont souvent trop décharnées et trop stériles pour que ces cultures puissent y réussir; et alors elles ne sont plus ombragées que par des forêts de pins maritimes.

En descendant à l'Incisa on se rapproche de l'Arno, qu'on côtoie jusqu'à Levane dans une plaine charmante et très-productive, qui tire son nom du fleuve qui l'arrose et s'appelle Val d'Arno supérieur. Dans certains endroits de cette plaine, en fouillant la terre on a trouvé des os d'éléphans, ce qui a fait conjecturer que l'armée d'Annibal s'y arrêta quelques temps, avant d'avancer vers le Trasimène où étaient campés les Romains commandés par le consul Flaminius.

A Prato Vecchio ou Antico on passe la Chiana; qui sort de lavallée, à laquelle elle donne son nom et qu'on regarde comme le grénier de la Toscane; bientôt après on arrive à Arezzo ville remarquable par son antiquité, bien bâtie et dans une situation des plus agréables. Là règnent encore le style toscan, et l'élégance florentine ; de larges pavés souvent renouvelés maintiennent dans les rues une marche commode et une propreté recherchée. On voit sur la place principale un superbe édifice appelé les loges qui comprend la douane, le théâtre et un portique avec des arcades de 400 pieds de long. Les églises sont d'une belle architecture et renferment d'excellens tableaux.

Celle des olivetains présente les ruines d'un amphithéâtre bâti du temps des Romains. La population d'Arezzo est de huit mille habitans.

En allant d'Arezzo à Camuccia on voyage dans une plaine aussi riante que fertile; elle fait partie de la vallée de la Chiana, qui a environ 7 lieues de long.

A moitié chemin, on laisse à gauche et à peu de distance de la route, la ville de Cortone située sur une colline élévée, couverte de vignes et d'arbres fruitiers. Cette ville qui s'appelait anciennement Corytum, était une des douze principales villes des Étrusques. Ses murailles sont bâties de gros quartiers de pierre sans ciment; elle possède plusieurs monumens antiques; on y voit les ruines d'un ancien temple de Bacchus et des restes de bains ornés de mosaïques.

Cortone est célèbre par l'académie étrusque qui y fut établie en 1726; cette académie a une belle bibliothèque et un musée enrichi d'antiquités, de gravures, de médailles, d'objets d'histoire naturelle, d'idoles et de pierres précieuses. Dans la cathédrale on montre un ancien tombeau qu'on dit être celui du consul Flaminius. La population de Cortone est de 4,000 habitans; on trouve dans ses environs des carrières de très-beaux marbres. La plaine, qui s'étend depuis le pied de la colline sue laquelle cette ville est bâtie jusqu'à la vallée de la Chiana est un des plus beaux théâtres de l'industrie humaine.

La nature en avait fait un lac, la main de l'homme en a fait des prairies; elle était malsaine, elle est devenue salubre; elle offrait l'image d'un désert, elle est aujourd'hui habitée par une population dont le bien-être assure le bonheur; l'art à la vérité y a tout préparé, tout ordonné; et il semble qu'il devrait en résulter de la monotonie; mais on voit dans ces campagnes tant d'arbres et de verdure; on y entend tant d'oiseaux qu'on peut se croire au milieu d'un bocage délicieux.

Il en est de même de la vallée de la Chiana qu'on laisse à la droite. Au fond de cette vallée il y avait autrefois un lac de peu d'étendue, mais entouré de marais qui répandaient aux alentours des exalaisons pernicieuses, et ce riche pays était perdu pour la culture. Le génie toscan toujours prévoyant, toujours actif, suggéra le plan d'un desséchement du lac et des marais, et ce plan fut habilement exécuté.

L'espace qu'il fallait rendre à la culture était d'environ 300 arpens, on ouvrit un canal destiné à verser dans l'Arno toutes les eaux superflues, et l'on ne réservera que le volume nécessaire pour arroser à volonté la plaine, au moyen d'une multitude de canaux secondaires.

Après avoir dépassé Camuccia on traverse la montagne de la Spelonca et l'on ne tarde pas à arriver près du lac de Perouse (autrefois Trasimène) qu'on côtoye en le laissant sur la droite.

Les eaux de ce lac reposent dans un cadre de verdure qui se répète sur leur surface tranquille, et des côteaux boisés forment leur enceinte. Cet endroit est fameux par la victoire qu'Annibal y remporta sur le consul Flaminius;

quelques-uns prétendent que le champ de bataille est dans une petite plaine appelée Sanguinetti, d'autres pensent que la défaite des Romains eut lieu près d'un village nommé Assoja où l'on a trouvé beaucoup d'ossemens : le général carthaginois en ayant occupé les hauteurs fondit sur les flancs de l'armée du consul, et lui opposa, au passage étroit de Pasignano, un corps d'armée capable de l'arrêter. Polybe a très-bien décrit ce célèbre combat.

Perouse, qui est à 3 lieues de Trasimène et à 11 d'Arezza, occupe une éminence au pied de laquelle passe le Tibre ; cette ville est entourée de grandes murailles, ses larges rues sont bordées d'antiques palais ; et ses vastes basiliques élèvent leurs dômes à des hauteurs immenses.

La montagne sur laquelle Perouse est bâtie, s'arrondit en pentes douces et unit ses deux bras aux deux chaînes de l'Apennin ; ces pentes inégales et variées sont divisées en une prodigieuse multitude de jardins couverts à-la-fois de fleurs, de fruits et de treilles, et arrosés par des canaux d'eau vive. Toute cette nature est aussi riante que précieuse. Des terrasses de la ville, la vue s'étend et s'égare dans les

vallées du Trasimène et jusqu'aux bassins d'A-
rezzo et de Florence.

Au bas de la montagne de Perouse, on passe
le Tibre sur le pont St.-Jean; la vallée qu'arrose ce fleuve est un des plus beaux, des plus
riches pays de l'Italie. Après avoir fait environ
deux lieues dans cette délicieuse vallée, on
aperçoit un vaste édifice de la plus noble architecture quoiqu'isolé au milieu des champs;
c'est l'église de Notre-Dame des Anges, la mé-
tropole de l'ordre de St.-François; la ville d'Assise
en est à quelque distance sur le penchant de
la montagne. L'aspect de ce temple frappe l'i-
magination, sa solitude et sa grandeur impri-
ment dans l'ame le recueillement et un sentiment de vénération.

De là à Foligno, il n'y a plus que deux lieues.
Ce trajet se fait par une route très-commode,
et à travers une campagne, qui, par la beauté
des sites, et la richesse du sol, ne le cède en rien
à celles qu'on vient de parcourir.

CHAPITRE VII.

Route transversale de Fano par Fossombrone et de Furlo,
suivie par les divisions Livrons et Pignatelli. Planc. N°. 1.

§ XLVI.

FOSSOMBRONE ; URBINO ; MONTAGNE D'ADRUS-BAL; LE FURLO ; CAGLI ; CONTIANO ; NOCERA.

LA route de Fano à St Caziano côtoye le Metaure. En remontant le cours de cette rivière, on rencontre d'abord Fossombrone, petite ville, située à peu près au même endroit que l'ancien Forum Sempronii.

On y voit encore les ruines d'un théâtre et quelques restes d'antiquité. Là, on passe un bras du Metaure, sur un grand et beau pont d'une seule arche récemment construit; une route secondaire conduit de Fossombrone à la ville d'Urbino, autrefois capitale d'un duché, et situé sur une haute montagne. On y voit un beau palais, résidence des anciens ducs de la Rovère, occupé aujourd'hui par l'évêque d'Urbino.

En continuant la route de Fossombrone à Fo-

ligno, on arrive au pied de la montagne d'Adrusbal, montagne ainsi appelée, à cause de l'action
mémorable, qui eut lieu dans cet endroit entre
les Carthaginois et les Romains.

Adrusbal ayant passé les Alpes, venait au secours d'Annibal, son frère. Le consul Claudius
Néro, encouragé par un avantage qu'il avait rem-
porté contre Annibal, et sentant que son collé-
gue Livius, était trop faible pour s'opposer au
passage d'Adrusbal, entreprit d'empêcher la jonc-
tion des deux frères. Dans ce dessein, il prit une
partie de ses troupes, ordonna à celles qu'il laissait dans son camp d'allumer les feux comme à
l'ordinaire et de ne rien changer à l'ordre ac-
coutumé; partit dans la nuit, déroba sa marche,
traversa l'Italie en six jours, joignit Livius sur
le Metaure et se mit sous les ordres de ce col-
légue. Adrusbal apprenant l'arrivée de Claudius,
croit que son frère est perdu; ses troupes se dé-
couragent, les deux consuls profitent de son erreur, le forcent au combat, et il est tué avec
50,000 des siens. Claudius ne perd pas un instant, retourne en diligence vers Clausium, rentre
dans son camp, avant qu'Annibal puisse se douter
qu'il en était sorti, range son armée en bataille, fait
jeter dans le camp ennemi la tête d'Adrusbal, et
force ainsi Annibal à prendre la fuite.

C'est là qu'on voit avec étonnement la voie Flaminia creusée au ciseau pendant l'espace d'un quart de lieue, dans le cœur même d'une montagne fort élevée.

Cette prodigieuse excavation est ce qu'on appelle proprement le Furlo ; Victor lui a donné le nom de Petra Pertusa.

D'après l'inscription qu'on y lit, il paraît que la voie Flaminia fut réparée dans les premiers siècles de l'empire romain.

Cagli, qu'on rencontre bientôt après, est une petite ville bâtie par les Romains, au pied du mont Petrano. Là on trouve le pas des échelles : « passo delle Scalette. »

Avant d'arriver à Cantiano on passe le second bras du Metaure sur un superbe pont appelé Ponte Grosso ; c'est de tous les ouvrages qu'on trouve sur la voie Flaminia, le plus digne des anciens Romains.

Cantiano est un château élevé sur les ruines de la ville de Luccola qui fut détruite par Narses. Sigillo et Gualdo, qu'on rencontre ensuite sur la route, sont deux châteaux bâtis par les Lombards.

De Gualdo on descend à Nocera, petite ville, mais fort ancienne située au pied de l'Apennin. Tite-Live l'appelle Alpha Terna. Suivant Pline, les vases de bois qu'on y fabriquait étaient très-recherchés : aujourd'hui elle n'est renommée que pour ses bains et une source d'eau légère, qui a des qualités médicinales. De Nocera en passant par Ponte Centesimo, on arrive à Foligno en suivant le cours d'une petite rivière, et sur une route assez commode.

CHAPITRE VIII.

---

§ XLVII.

RECANATI; MACERATA; TOLENTINO; CAMERINO SERRAVALLE; LE COL-FIORITO; CASE NUOVE; PASSAGE DES CARRIÈRES DE FOLIGNO.

Pour aller de Lorette à Foligno il faut traverser les montagnes de l'Apennin, ce qui annonce une route assez inégale et peu commode.

On rencontre d'abord Recanati qui n'a de re-marquable qu'un monument de bronze, élevé sur le palais public en l'honneur de Notre Dame, et quelques maisons assez bien bâties. Entre Reca-nati et Macerata, la campagne est si fertile qu'elle ressemble à un lieu de plaisance, qui appartiendrait au même maître; ce sont des productions territo-riales de toute espèce, des champs de blé, des prairies naturelles ou artificielles, des vignes des arbres fruitiers, des potagers, des plantations de mûriers, de peupliers, le tout arrosé par plusieurs rivières et ruisseaux.

Macerata est une ville d'environ 10,000 habitans située sur le sommet d'une montagne, d'où l'on découvre la mer Adriatique : elle est assez bien bâtie mais peu commerçante. La porte Pie est un arc de triomphe érigé par le Cardinal de ce nom, avec son buste en bronze.

Il y a quelques églises qui méritent d'être vues, telles que la cathédrale dédiée à S^t. Julien, l'église des Jésuites, celles des Barnabites, et une chapelle des confrères de la miséricorde, qui est toute revêtue de marbres.

L'étendue du pays situé depuis Macerata jusqu'à Tolentino, comprend le champ de bataille où le corps d'armée autrichien, sous les ordres du lieutenant général Bianchi, annéantit avec des forces bien inférieures l'armée et la puissance de Murat, dans les journées des 2, 3 et 4 mai 1815. Le cinquième chapitre du premier volume de cet ouvrage contient une description détaillée de cette contrée, qui, quoique assez bien cultivée, n'est pas à beaucoup près aussi productive que celle qu'on vient de quitter : on y remarque cependant des haies vives, composées d'arbustes qui portent des fruits, et servent en même temps de protection et d'ornement aux champs qu'ils entourent.

Tolentino est une petite ville bâtie sur la Chienta, et qui n'offre rien de remarquable ; en sortant de cette ville, on entre dans les Apennins au milieu desquels on voyage jusqu'aux approches de Foligno; en remontant le cours de la Chienta on gagne Volcimara, village situé dans une vallée couverte de superbes chênes. Ici la plaine cesse, le vallon a fort peu de largeur et on trouve des passages étroits bordés par des précipices effrayans. Depuis Valcimara on monte continuellement jusqu'au passage étroit de Serravalle. Au pont de la Trave qu'on trouve entre Valcimara et Serravalle, on laisse à peu de distance sur la droite, la petite ville de Camerino située sur une montagne, dont les habitans, connus dans l'histoire fournirent à Scipion, suivant Tite-Live, 600 hommes pour passer en Afrique.

Serravalle est un gros bourg qui sépare la marche d'Ancône d'avec l'Ombrie, il est resserré par deux montagnes qui sont à peine éloignées l'une de l'autre de 150 toises, et présente à un corps de troupes un defilé presque inexpugnable. On y voit les ruines des murailles et des portes d'un château bâti par les Goths.

A Col-Fiorito qu'on trouve bientôt après avoir dépassé Serravalle, la route creusée dans le rocher forme un demi cercle d'environ une lieue et demie d'étendue; ce passage sans garde-fou, où l'on a à la droite un précipice effrayant, est si étroit que si deux voitures s'y rencontrent l'une est obligée de reculer; toujours dangereux, ce passage le devient surtout en hiver, et encore plus dans le temps des neiges. Je le traversai avec la plus grande partie de l'armée autrichienne sans le moindre accident, par un temps affreux et une pluie battante qui ne discontinuait de tomber depuis deux jours et qui avait rendu ce chemin extrêmement glissant et périlleux pour les chevaux, l'artillerie et les bagages.

Après avoir passé le Col-Fiorito, on arrive au village de Casenuove situé dans un terrain désert et stérile, et dont les habitans n'ont presque d'autre ressource que la charité des passans. La montée et la descente de Casenuove à Foligno sont très-difficiles : dans un endroit appelé Carrière di Foligno, le chemin est très-étroit et sans parapet; il côtoye un précipice effrayant et célèbre par des événemens funestes. Cependant malgré l'espèce d'horreur dont on est saisi en parcourant les montagnes arides de l'Apennin on y trouve quelques arbustes, quelques plantes, quelques fleurs et autres curiosités, dignes de fixer l'attention des naturalistes.

Avant de descendre la dernière colline on trouve à quelques distance de la route, dans le village Palo une caverne qu'on dit très-curieuse, couverte de Stalactites. En y arrivant je crus pouvoir y entrer, mais j'appris qu'on en garde la clef à Foligno.

Peu avant d'atteindre cette ville la vallée la plus délicieuse se découvre tout d'un coup aux regards. La fertilité du sol, des prés toujours verts, l'aspect des montagnes et des collines couvertes d'arbres, tout charme le voyageur fatigué de la vue du pays aride qu'il vient de parcourir.

§. XLVIII.

FOLIGNO; LE TEMPLE DU CLITUMNE; SPOLETTE; PORTE D'ANNIBAL; PONT ET AQUEDUC DE LA MARROGGIA.

C'est au milieu de ce beau bassin dont le terrain fertile et les gras pâturages sont arrosés par l'ancien Clitumne, qu'est situé Foligno. Le Topina et la Marroggia baignent les campagnes adjacentes.

La ville de Foligno est petite, mais intéressante, la cathédrale est d'une belle architecture.

Dans le couvent des Franciscains, on voit un superbe tableau de Raphaël représentant la vierge dans sa gloire. Quelque soit le prix des monumens des arts, ce que Foligno offre encore de plus digne de remarque, c'est une population qui se compose de riches négocians, d'artisans laborieux et de cultivateurs dont l'intelligence et l'activité devraient servir d'exemple au reste de l'Italie. Ajoutons cette température de climat dont parle Horace «*est ubi plus tepeant hyemes*», etc. , un sol des plus fertiles, la facilité que donnent d'immenses prairies pour l'engrais des bestiaux ; des manufactures considérables de papier, une foire très-fréquentée , tels sont, dans cet heureux pays les aiguillons et les ressources de l'industrie.

Lorsqu'on est près du lieu appelé le Vene qui est à moitié chemin de Foligno à Spolette on aperçoit le long de la voie Flaminia au pied des collines, qui bordent la plaine, un petit temple ancien, construit vers la source du Clitumne, rivière, que Virgile a célébrée pour la fertilité de ses bords et la beauté des troupeaux qu'on y nourrissait, et parmi lesquels on choisissait les victimes pour les sacrifices :

Hinc albi, Clitumne, greges et maxima taurus
Victima, sæpe tuo perfusi flumina sacro,
Romanos ad templa Deûm duxêre triumphos.

Hic ver assiduum, atque alienis mensibus æstas;
Bis gravidæ pecudes, bis pomis utilis arbos.

(Georg. liv. 2.)

« Heureux Clitumne, tu vois souvent se baigner
» dans tes eaux sacrées des taureaux blancs,
» victimes destinées aux dieux et qui ont conduit
» plus d'une fois nos triomphateurs au capitole.
» Là règne un printemps éternel, et presque
» tous les mois sont des mois d'été; là les
» brebis et les arbres portent deux fois dans
» l'année. » Le Clitumne sort de dessous
un rocher, et va serpentant dans la plaine.
Sa source et les agrémens de ses bords sont
encore tels que Pline les a décrits; le temple
qu'on voit auprès est sans doute le même que
celui dont parle cet historien de la nature : on
l'a réparé en partie, et quoique les chrétiens
l'aient consacré au service divin on l'appelle
toujours dans le pays le temple de Clitumne.

Spolette est une ville très-ancienne, bâtie sur
un terrain inégal; les rues en sont fort étroites.
Annibal vainqueur à Trasimène, croyait aller
droit à Rome; mais ce fut inutilement qu'il as-
siégea Spolette : les habitans de cette ville le

forcèrent à se retirer avec une perte considérable, et ce départ occasionné par une vigoureuse sortie, fut plutôt une fuite qu'une retraite. C'est en mémoire de cet événement qu'il y a à Spolette une porte qu'on appelle di Fuga ou porte d'Annibal; deux arcs de triomphe fort délabrés forment deux autres portes. Il ne faut point oublier d'aller voir le pont qui traverse le Marroggia, torrent impétueux qui coule entre la ville et la montagne. C'est je crois celui qui a la plus grande élévation en Europe, ayant 600 pieds de long et 300 de haut. Sur un des côtés de ce pont passe un aqueduc très-considérable, qui sert encore aujourd'hui à conduire de l'eau du milieu de la montagne de Luço, dans la ville de Spolette. On prétend que cet étonnant ouvrage est des Romains : mais il est apparent qu'il fut construit dans les siècles postérieurs; les arcades sont gothiques, ou à ceintres en pointes, sans aucune proportion. Spolette conserve plusieurs restes de son ancienne magnificence; on y voit les ruines d'un théâtre; l'église du crucifix a été dit-on bâtie dans le même endroit, où était un temple de la Concorde dont il reste six belles colonnes. Dans le couvent de St.-André, dans l'église de St.-Julien on reconnaît quelques ruines d'anciens temples. Les édifices publics de

Spolette ont souffert beaucoup par le tremblement de terre qui eut lieu en 1767.

Cette ville a une population de 7,500 habitans; son territoire est très-fertile et produit d'excellent vin.

§ XLIX.

MONTAGNE DE LA SOMMA ; TERNI, CASCADE DU VELINO dite DE MARMORA ; PONT D'AUGUSTE.

A environ deux ou trois milles de Spolette on commence à gravir la Somma, qui est la montagne la plus élevée de cette partie des Apennins; on croit qu'elle tire son nom d'un ancien temple qui y avait été élevé à Jupiter Summanus. Au-delà de cette montagne est Terni, ville de 12,000 habitans, appelée autrefois Interamna parce qu'elle est bâtie entre les deux bras de la Nera. On la croit aussi ancienne que Rome. Elle fut érigée en colonie l'an 458 de la république. C'était la patrie de l'empereur Tacite et de l'historien de ce nom. On voit dans le jardin de l'évêché un reste d'amphithéâtre; dans l'église du saint Sauveur, des vestiges d'un temple du soleil; et dans la villa de la famille Spada , les ruines de quelques bains anciens. Le commerce le plus considérable de Terni consiste en huile : cette ville est à 6 lieues de Spolette et à 18 de Rome.

A deux petites lieues de Terni se trouve une des plus belles cascades de l'Europe , et qui offre un coup-d'œil des plus surprenans et des plus pittoresques. C'est la cascade de Marmora, formée par le Velino, qui se précipite dans la Nera d'une hauteur de 1063 pieds romains, par un canal que Marc-Antoine Curius Dentalus fit creuser dans le roc, vers l'an de Rome 480 pour donner un écoulement aux eaux du lac Luco que traverse le Velino.

Cette rivière prend sa source dans les montagnes de l'Abruzze ultérieure, passe à Rieti et se jette dans le lac de Luco.

Au sortir du lac, le Velino se dirige par une pente assez rapide vers la montagne de Marmora qui forme une ouverture de 20 pieds de largeur : les eaux arrivant en abondance, s'échappent par cette ouverture et se précipitent de 800 pieds de hauteur perpendiculaire dans un abîme qu'elles se sont creusé ; bientôt elles sortent de cet abîme avec une espèce de fureur et se précipitent en formant une seconde, puis une troisième cascade dans la Nera, où ces eaux roulent en tourbillons blanchis d'écume tout le long de cette profonde vallée. L'eau se jette avec une telle force sur les rochers que le bruit que sa chute occasionne et qui s'augmente par le mugissement de l'air continuellement comprimé par leur poids l'annonce à une grande distance. Cette violence avec laquelle les eaux se brisent sur les rochers la réduit en partie en vapeur qui s'élève en brouillard et forme un nuage semblable à un tourbillon de poussière, lequel va remonter au dessus du sommet de la cascade et puis retombant en rosée vient rafraîchir le terrain des environs.

Comme il est beaucoup plus commode de la voir de la hauteur en parvenant au sommet de la montagne par la grande route, qui cependant présente une longue et forte montée, la plupart des voyageurs la voyent ainsi. Cependant je n'ai éprouvé aucun regret d'avoir gagné par de nombreux détours et de mauvais chemins le bas de la cascade, d'où il est seul possible de saisir toute la beauté de ce spectacle imposant. Il fut encore augmenté par l'effet du soleil qui donnant sur ce nuage permanent de poussière, faisait que chaque goutte réfléchissant et réfractant les rayons solaires présentait aux regards une multitude d'arcs-en-ciel mobiles

qui se croisaient, montaient, descendaient et va-
riaient ainsi selon le mouvement que l'eau pulvé-
risée recevait de la force de sa chute. Le vent du
midi venant à souffler il rassembla le brouillard
contre la montagne, le tint comme suspendu, et
le soleil ne forma plus alors qu'un seul grand arc,
qui couronnait toute la cascade.

En sortant de Terni et entre cette ville et Narni,
on trouve un vallon d'environ cinq lieues de longueur, partagé par la rivière de Nera, dont les
eaux sont de la plus grande limpidité : on y voit
les prairies les plus riantes, les terres les mieux
cultivées, de nombreuses plantations de mûriers,
de peupliers, d'arbres à fruit de toute espèce : et
dans quelques endroits des bosquets d'orangers,
de citronniers et d'oliviers.

Ce vallon est formé par des côteaux plantés
de vignes ; rien n'est aussi attrayant.

C'est sur la Nera qu'on aperçoit les ruines
d'un ancien pont qu'Auguste fit bâtir : il était en
marbre, et formé de quatre grandes arches, dont
une seule est restée entière. Le chemin de Narni
à Perouse, passe sous cette arche, qui a 60 pieds
de haut ; les piliers en ont 28.

§ L.

NARNI ; SON AQUEDUC ; OTRICOLI ; BORGHETTO ; CIVITA CASTELANA ; MONTE ROSI.

Narni est une petite ville très-ancienne. Tite-Live en parle sous le nom de Niquinum ; il dit que cette ville était bâtie sur un terrain escarpé et d'un côté très-rapide ce qui convient à la situation de Narni. Les Romains s'en emparèrent par la trahison de deux de ses habitans et y envoyèrent une colonnie qui fut appelée Narnia, du nom de la rivière qui coulait à Niquinum : elle a donné naissance à l'empereur Nerva. On voit dans la cathédrale le grand autel placé entre quatre belles colonnes de marbre formant un baldaquin au dessus du tabernacle.

Narni fut détruite de fond en comble par les troupes vénitiennes qui venaient joindre l'empereur Charles V lorsqu'il assiégeait Clément VII dans le château de St.-Ange : elles égorgèrent jusqu'aux femmes et aux enfans, brûlèrent et démolirent les maisons et les édifices publics.

L'aqueduc de Narni percé à travers des montagnes, a six lieues de long et fournit de l'eau à beaucoup de fontaines.

En descendant de Narni à Otricoli on quitte les Apennins.

Otricoli est un bourg situé sur une colline à 13 lieues de Rome; on voit au couchant de ce bourg les restes d'un théâtre et de plusieurs édifices publics qui attestent son ancienne magnificence.

Les faubourgs de l'ancienne Rome s'étendaient jusques-là; en effet depuis Oriculum jusqu'à cette capitale, il y avait une suite de si beaux monumens que lorsque l'empereur Constantin vint en Italie pour la première fois, il croyait en sortant d'Auriculum entrer dans la ville même de Rome, ainsi l'on peut dire que Rome en y comprenant les faubourgs, occupait depuis Oriculum jusqu'à la mer une espace de près de 25 lieues : et ceux qui y comptait quatre millions d'habitans ne se trompaient pas de beaucoup, s'ils étendaient Rome jusqu'à l'extrêmité de ses faubourgs. Maintenant entre Otricoli et Rome, la campagne n'offre plus qu'un triste désert : quelques troupeaux qu'on y fait pacager en sont le seul produit.

A Borghetto on sort de l'Ombric et l'on entre dans la Sabine, en passant le Tibre sur un beau

pont à trois arches construit sous le règne d'Auguste et réparé sous le pontificat de Sixte V,
depuis là jusques à Rome, le pays est couvert
d'anciens volcans.

On rencontre ensuite Civita Castellana, ancienne capitale des Falisques, aujourd'hui petite
ville à 10 lieues de Rome, située sur une montagne escarpée, et où l'on n'arrive que par des
chemins tortueux, étroits et difficiles tels que
Tite Live en décrit les abords. Furius Camillus
la tenait assiégée depuis deux ans, sans succès,
un maître d'école lui livra tous les enfans que
les habitans avaient confié à ses soins. Camille
eut la générosité de renvoyer les enfans et le
maître, ce qui détermina les Falisques à se
soumettre.

Civita Castellana n'est pas précisément dans
le même emplacement que la capitale des Falisques. La ville qui la remplace est petite, mal
bâtie, pauvre et déserte. Le palais qu'Alexandre
VI y fit construire ressemble à une forteresse,
aussi y enferme-t-on les prisonniers d'état. La
ville est presque environnée de trois petites rivières qui coulent dans des vallons de plus de
300 toises de profondeur. Le rocher sur lequel
elle se trouve bâtie, a été réuni à la campagne,

par un magnifique pont à doubles arcades; aux environs de cette ville, la terre est profondément déchirée par des gouffres d'un aspect singulier et qui ne peuvent être que l'ouvrage des volcans. Des bois couvrent ces précipices comme pour en cacher l'horreur; si l'on s'en approche on voit d'immenses fragmens de rochers, couverts de lierre et d'églantiers qui, plongeant dans ces abîmes, y forment une espèce de décoration théâtrale dont la perspective est aussi pittoresque qu'effrayante.

A Civita Castellana la plupart des voyageurs quittent l'ancienne voie Flaminia, qui est maintenant en mauvais état, et prennent la nouvelle route, qui joint près de Monte Rosi celle de Florence par Sienne et Viterbo à Rome, route que nous avons décrite dans le 3me chapitre §. 21.

CHAPITRE IX.

ROUTE DE NAPLES A EVOLI. (Planche N° 11.)

J'AI trouvé une partie de la route qui conduit de Naples à Evoli si agréable, et elle offre des
sites et des monumens si remarquables que je crois
intéresser le lecteur en ajoutant à cette description du pays situé entre Modène et Naples, qui
a été le théâtre de la guerre des Autrichiens contre Murat, celle de Portici, d'Herculanum, du
Vésuve et de Pompeia, comme étant les objets
les plus intéressans qu'on voit sur la route de
Naples à Evoli.

§ LI.

PALAIS ROYAL DE PORTICI ET HERCULANUM.

La route qui conduit en droite ligne de Naples
à Portici, depuis le pont de la Magdelaine est d'une
lieue et demie ; elle est large, agréable, garnie de
maisons d'un côté et ayant le rivage de l'autre.
C'est dans le village de Portici que se trouve la
superbe maison royale qui porte le même nom,
située sur le bord de la mer et près du mont Vésuve.
L'air y est bon, et la position en est séduisante.

Le jardin principal qui s'étend jusqu'au rivage de la mer, est bordé dans toute sa longueur de deux terrasses, qui sont de niveau avec l'appartement du roi ; le milieu est rempli par des plantations d'orangers, de citronniers, de grenadiers et autres arbres de cette espèce. La cour du palais est octogone ; elle est traversée par le grand chemin et environné de bâtimens neufs.

Les connaisseurs font beaucoup de cas de deux statues équestres tirées d'Herculanum et qu'on voit dans ce palais. L'une est celle de M. Nonius Balbus le fils ; elle est sous le vestibule et environnée de vitrages. Balbus est représenté fort jeune, la tête découverte, les cheveux courts : il porte une cuirasse et tient de la main gauche la bride de son cheval. Un manteau qui pend de dessus l'épaule couvre le bras du même côté ; ses brodequins montent au dessus de la cheville.

L'autre statue est celle de Balbus le père, procureur et proconsul d'Herculanum, elle est de même grandeur, et aussi belle que la première, mais moins bien conservée. Ce sont les deux seuls monumens antiques de marbre qu'on ait dans ce genre.

Les appartemens du palais sont pavés d'ancienne

mosaïque grecque et romaine. Il y a une chambre dont le revêtement est d'une très-belle porcelaine.

On y remarque des peintures fort précieuses, et surtout quatre petits camayeux antiques peints sur marbre : on lit sur un de ces camayeux, le nom d'Alexandre d'Athènes. Un morceau non moins curieux est un buste de plâtre bronzé représentant un guerrier; on ignore quel était le procédé des anciens pour donner au plâtre la couleur du bronze. Du reste le palais est d'une architecture fort simple; comme la façade regarde le golfe, on y jouit du plus beau point de vue.

Herculanum est une ville très-ancienne, que le hasard a fait découvrir au commencement du dernier siècle; elle est située sous les fondations des villages de Portici et de Resina, beau village, qui n'est qu'à trois quarts de lieue du Vésuve. Cette ville ainsi que celle de Pompeia fut engloutie par une éruption qui arriva la première année du règne de Fitus, et la 79me de J. C., éruption qui la couvrit d'un solide de pierres, de cendres et de lave, de 70 à 80 pieds d'épaisseur, depuis le pavé des rues jusqu'à la superficie des terres, aujourd'hui plantées de vignes, ou sur lesquelles on a élevé divers bâtimens.

Strabon qui vivait du temps d'Auguste, est le premier auteur qui fait mention d'Herculanum.

Denis d'Halicarnasse attribue à Hercule la fondation de cette ville, qu'il place entre Pompeia et Naples. Florus et Pline la mettent au rang des principales villes de la Campanie. Martial, Statius et Dion Cassius parlent de l'éruption qui l'engoutit. Le dernier raconte qu'une quantité incroyable de cendres enlevées par les vents, remplit l'air, la terre et la mer, étouffa les hommes, les troupeaux les oiseaux et les poissons, et ensevelit deux villes entières Herculanum et Pompeia dans le temps même que le peuple était assis au spectacle.

Le massif, qui couvre la ville d'Herculanum est composé d'une cendre fine, grise, brillante, que l'eau a condensée, et qui brisée quoiqu'avec peine, se réduit en poussière. On a découvert par l'analyse, que cette matière est de même nature que la lave du Vésuve, à cela près que l'acide sulfureux s'est évaporé.

Le peu de squelettes qu'on a trouvés dans les ruines d'Herculanum fait conjecturer, contre l'assertion de Dion Cassius, que les habitans eurent le temps de s'enfuir et d'emporter leurs effets les plus précieux. La cendre brûlante, qui couvrit cette ville conserva assez long-temps sa chaleur pour réduire en charbons les portes et les effets qui étaient dans les maisons sans en changer le forme. Les statues, meubles et ustensiles de bronze sont noircis, mais aucun n'est brûlé.

Comme les anciens n'employaient dans leurs peintures que des minéraux et des terres coloriées les peintures sont ternies sans être détériorées.

A une énorme pluie de cendres succédèrent des laves, qui couvrirent au large toute la campagne et y portèrent au loin le ravage et la désolation. Ce liquide enflammé pénétra en quelques endroits à travers la cendre et les ponces, et s'insinua dans les corridors du théâtre et dans les maisons : mais l'eau qui s'était mêlée en grande quantité à ce liquide fit qu'il ne put brûler les marbres, ni fondre les bronzes, qu'il entoura. Les laves et les cendres des éruptions postérieures à celle de 79, ont considérablement exhaussé le terrain et c'est sur ce terrain exhaussé qu'ont été bâtis le bourg et le château de Portici, ainsi que le village de Rosina.

On ignorait dans quel lieu avait existé l'ancienne ville d'Herculanum.

Emmanuel de Lorraine duc d'Elbeuf, faisant bâtir une maison de campagne à Portici, l'architecte qui s'était chargé de la décorer de stucs, assemblait des débris de différens marbres pour ses compositions; cet artiste apprit qu'un paysan en avait trouvé en creusant un puits, et il engagea le prince à acheter de ce paysan la faculté de faire des fouilles au même endroit. Après quelques jours de travail on découvrit deux statues, l'une d'Hercule, et l'autre de Cléopâtre. Encouragé par cette découverte, le prince fit continuer les fouilles avec plus d'ardeur, et l'on trouva l'architrave d'une porte en marbre avec une inscription et sept statues grecques semblables à des vestales. Ces premières fouilles remontent à l'an 1713.

Quelque temps après, on découvrit un temple antique environné de 24 colonnes d'albâtre et d'autant de statues de marbre grec. Le gouvernement autorisé d'après les lois existantes dans ce pays de considérer ces richesses comme entrant dans le domaine royal, forma opposition aux fouilles des particuliers et tous les travaux furent suspendus jusqu'en 1736, que don Carlos, étant parvenu au trône de Naples, voulut faire bâtir un château à Portici.

Ce prince, à qui le duc d'Elbeuf avait cédé sa maison ainsi que le terrain déjà fouillé fit creuser à 80 pieds de profondeur perpendiculaire; on trouva une ville entière qui avait existé à cette profondeur; l'on reconnut le lit de la rivière, qui traversait cette ville et on découvrit successivement un temple de Jupiter, où était une statue d'or, un théâtre, des portes chargées d'inscriptions, les fragmens des chevaux de bronze doré et du char qui avaient décoré la principale entrée, et un très-grand nombre de statues, de colonnes, de peintures etc., etc. Les rues sont tirées au cordon : elles ont de chaque côté des trottoirs pour les gens de pied et sont pavées de laves semblables à celles que jette actuellement le Vésuve. Quelques maisons sont pavées de marbres de différentes couleurs et à compartimens; d'autres de mosaïque faite avec quatre ou cinq espèces de pierres naturelles et plusieurs de briques de 3 pieds de longueur sur six pouces d'épaisseur. Il y a autour des chambres, un gradin d'un pied de haut, où l'on croit que s'asseyaient les esclaves. Les murs sont pour la plupart peints à fresques. Ces peintures présentent des cercles, des colonnes, des guirlandes, des oiseaux. Cet usage des peintures à fresques s'est conservé en Italie, où l'on ne voit presque pas de tapisseries dans les appartemens ordinaires. Les fenêtres étaient fermées avec des volets pendant la nuit et ouvertes pendant le jour : on n'a trouvé de verre qu'à un petit nombre de maisons et encore ce verre est-il fort épais.

Les deux édifices les plus considérables d'Herculanum sont le théâtre et le Forum ; le théâtre découvert en 1750 est situé au nord de la ville, sous Resina, et près du château de Portici. Il était recouvert de cendre et de lave à la hauteur de 40 pieds; les corridors, les escaliers, les galeries et les souterrains même en étaient remplis. Ce théâtre est de forme ovale beaucoup plus large que long, et comme dans tous les théâtres une moitié était destinée aux spectateurs et l'autre à la scène et aux acteurs; les gradins des spectateurs sont disposés dans une demi ellipse qui a 160 pieds de diamètre. Le proscenium qui est la partie avancée du théâtre, sur laquelle les acteurs récitaient les drames, a 75 pieds d'ouverture, sur 30 de profondeur. Il est orné d'une façade d'architecture et de belles colonnes de marbre, dans le goût du théâtre de Palladio à Vicence. L'orchestre, que nous appelons parterre a environ 50 pieds de longueur depuis le devant de scène jusqu'aux premiers siéges ; 21 rangs de gradins occupent le reste de la profondeur qu'on peut estimer a 70 pieds. Le massif du théâtre est de briques. Il paraît que l'intérieur était revêtu de stucs de différentes couleurs. Les galeries intérieures sont voûtées, soutenues par des pilastres de distance en distance, et ornées de corniches de marbre avec des dentelures et des médaillons.

Les murs de côté sont revêtus de carreaux de marbres de différentes couleurs, et les voûtes décorées de stucs assez bien conservés.

L'édifice était couronné d'une colonnade ou galerie, qui sans doute fut renversée par les tremblemens de terre qui précédèrent l'éruption ainsi qu'on le conjecture de la grande quantité de colonnes et de châpitaux que l'on trouve dans l'orchestre ou aux environs. J'ai trouvé qu'il était difficile de se faire une idée de l'ensemble, car l'on ne peut voir que successivement et au flambeau les diverses parties de ce théâtre qui, à en juger par la beauté des détails, devait avoir beaucoup de magnificence. En effet les marbres, les colonnes, les statues, les bronzes qu'on en a retirés et ce qui reste en place, prouvent que l'édifice était d'une très-belle architecture d'ordre corinthien et qu'on y avait prodigué les plus riches décorations. C'est grand dommage qu'on n'ait pas osé entreprendre de faire découvrir ce théâtre en entier et par le dessus ; on jouirait d'un monument unique dans son espèce.

Le Forum, vaste bâtiment dans lequel il paraît que se rendait la justice, est une cour de 225 pieds de forme rectangle, environnée d'un péristyle de 42 colonnes, plus haut de deux pieds que le niveau du sol. Le portique d'entrée composé de 5 arcades était orné de plusieurs statues équestres de marbre, parmi lesquelles figuraient celles de Balbus dont nous avons déjà parlé. La statue de l'empereur Vespasien, élevée sur trois marches, occupait le milieu d'une espèce de sanctuaire pratiqué au-delà du portique parallèle à celui de l'entrée principale. A droite et à gauche de la statue de Vespasien étaient celles de Néron et de Germanicus, en bronze, de neuf pieds de haut, dans des niches ornées de peintures. Le Forum communique par un portique à deux temples moins grands, voûtés et intérieurement décorés de peintures à fresque. Les pavés de ces temples qui étaient en marbre de rapport, ont été enlevés et employés dans les appartemens du château de Portici.

Les découvertes déjà faites à Herculanum et à Pompeia indépendamment de celles qu'on peut y faire encore, sont d'autant plus précieuses qu'elles nous donnent une idée non-seulement des arts des anciens Romains, mais même de leur manière de vivre, ces découvertes substituent la preuve la plus directe à la preuve la plus douteuse, démentent ou confirment les conjectures que les divers commentateurs ont pu hasarder, d'après quelques passages assez obscurs des écrits qui sont parvenus jusqu'à nous. Les monumens les plus curieux qu'on a retirés de cette ville souterraine, ont été rassemblés dans le muséum ou cabinet du roi de Naples, à Portici et à Naples. C'est sans contredit le cabinet le plus riche en antiques, qu'il y ait au monde. Une académie de belles-lettres fut créée, pour s'occuper de l'examen et de la description des pièces provenues des fouilles d'Herculanum, de Pompeia et de Stabia; plusieurs volumes de ce travail ont déjà été publiés. Le muséum de Portici, qui renferme presque toutes ces richesses, se compose de plusieurs pièces contiguës.

Au milieu de la cour de ce muséum, sur un piédestal de marbre de Carrare, est un cheval de bronze de haute taille, nu, les crins rattachés sur le front en forme d'aigrette, et de la plus belle proportion. Autour de la cour on voit plusieurs statues de marbre, plus grandes que nature, vêtues de la toge, en partie des familles Nonius et Memmius, formant des suites historiques. On remarque surtout celle de Viaria, mère du proconsul, ayant la tête couverte d'un voile, semblable à celui des vestales, la robe ou tunique à plis fort serrés; et trois grandes statues de Memmius en bronze. Au bas de l'escalier on trouve un lutteur en bronze de grandeur naturelle : cinq grandes statues de Nymphes, aussi en bronze et des thermes de marbre de Paros, d'un travail grec excellent.

Le détail des pièces, que renferment les cabinets, est immense. Les statues de bronze y sont en si grand nombre que tout le reste de l'Europe n'en pourrait fournir autant. Voici les plus remarquables : un Mercure assis, de grandeur surnaturelle, la plus belle de toutes les statues trouvées à Herculanum ; un Jupiter plus grand que nature. un Faune ivre, placé sur une outre ; deux lutteurs combattant ; deux consuls romains ; cinq statues de danseuses ; trois femmes drapées ; plusieurs bustes représentant des philosophes et autres hommes illustres.

Dans ces cabinets, sont aussi rassemblés presque tous les instrumens qui servaient aux sacrifices et aux différens arts ; des ustensiles de toute espèce, des vases, des lampes, tout ce qui avait rapport à la toilette des dames romaines ; des armes offensives et défensives, des médailles, des pierres gravées et plusieurs peintures qu'on conserve sous verre et qui étaient sur des murailles qu'on a sciées et puis scellées sur des chassis de bois.

Enfin parmi les objets les plus curieux que contient le musée de Portici, on doit ranger les manuscrits trouvés à Herculanum, sur des feuilles de canne de jonc, collées les unes à côté des autres et roulées sur un cylindre de bois. Il n'y a qu'un côté qui soit chargé de petites colonnes d'écriture, lesquelles ont à-peu-près la hauteur de nos in—12.

Ces manuscrits étaient rangés les uns sur les autres, dans une armoire de marqueterie. L'humidité avaient pourri ceux qui n'avaient pas été saisis par la chaleur des cendres du Vésuve ; ils tombèrent comme des toiles d'araignées, aussitôt qu'ils furent exposés à l'air. Les autres étaient réduits en charbon, et c'est ce qui les a conservés ; ils ressemblent à un bâton de deux pouces de diamêtre qui a été brûlé. Lorsqu'on veut dérouler les feuilles, que l'action du feu à réduites en couches de charbon, elles se brisent et tombent en poussière : cependant avec beaucoup de soin et de patience on est parvenu à lever les lettres et à les copier. La description de ce procédé qu'on trouve dans quelques auteurs, est tellement confuse que nous croyons inutile d'en rapporter ici les détails, preuve qu'en matière d'arts mécaniques les paroles sont souvent insuffisantes pour donner une idée exacte et précise de ce qui est du ressort des yeux. Nons nous bornerons donc à dire qu'on se sert d'un chassis assujetti sur une table; qu'au bas de ce chassis le livre est porté sur des rubans par les deux extrêmités du morceau de bois sur lequel il est roulé; qu'on fait descendre d'un cylindre, qui est en haut du chassis, des soies crues d'une très-grande finesse, et rangées comme une chaîne fort claire, dout on étend sur la table une longueur pareille à la partie de la feuille qu'on veut dérouler; qu'à l'aide d'un peu d'eau gommée on fixe le commencement de cette feuille à la chaîne sur laquelle sont reçues les parties de cette même feuille à mesure qu'on la déroule, et qu'enfin la chaîne chargée du corps d'écriture, est collée sur planche. Les caractères sont si faiblemement marqués qu'on ne peut les lire qu'à l'ombre. Du reste cette opération exige beaucoup de légèreté dans la main. Les quatres premiers manuscrits grecs qui ont été développés sont : un traité de la philosophie d'Epicure; un ouvrage de morale : un poëme sur la musique et un livre de rhétorique.

§. LII.

TORRE DEL GRECO; TORRE DELLA NUNCIATA; POMPEIA.

De Portici la route continuant à longer à peu de distance la côte de la mer, conduit par les villages de Resine et de Torre del Greco à Torre della Nunciata, où se trouvent une manufacture de fusils, un moulin, et des magasins à poudre. L'aspect du village de Torre del Greco où se présentent plusieurs fort jolies maisons, est singulier. Plus d'une fois ce village fut englouti par les torrens de lave que vomit le Vésuve. L'éruption du 16 décembre 1631 lui fut surtout funeste; après un violent tremblement de terre le flanc du volcan se rompit, il vomit des torrens de lave et d'eau bouillante qui déracina tous les arbres, dévasta la campagne, renversa les maisons et engloutit plus de cinq cents personnes près de Torre del Greco. Celle de 1794 détruisit et couvrit également les maisons et la campagne de Torre del Greco. Cependant les habitans, malgré ces catastrophes, reviennent constamment sur le même sol, où ils s'occupent après chaque éruption de déterrer leurs maisons et leurs richesses, travail excessivement pénible, ces masses énormes de lave étant souvent plus dures que la pierre ; ou bien ils se contentent aussi de reconstruire une nouvelle maison sur la lave qui couvre leur ancienne habitation. J'ai habité à Torre del Greco une jolie maison fort élegamment meublée, qu'on venait d'achever et qui se trouvait placée sur deux autres englouties à différentes époques par les éruptions du Vésuve. La lave qui avait recouvert la première avait servi de fondement à la seconde et ainsi de même pour la troisième. Le propriétaire m'assura que la dépense des travaux de construction étaient de beaucoup inférieurs à ceux exigés pour déterrer les habitations. On voit alternativement selon que les propriétaires ont deterré ou non, des maisons, des rues qui appartiennent tantôt au premier, tantôt au second ou au troisième ou au quatrième village, bâtis les uns sur les autres, et la vue tantôt de la pointe d'un toit tantôt d'autres ruines des anciennes habitations, qui percent à travers le terrain bouleversé, recouvert d'une lave sulfureuse noire et bleuâtre, donne à tout ce village un aspect de tristesse et de dévastation qui contraste singulièrement avec le grand nombre de ses jolies maisons.

Après avoir passé Torre della Nunciata on trouve à sa gauche à une petite lieue plus loin, près de la rivière du Sarno, un bouquet de grands et beaux arbres, auprès desquels l'on voit une masure formant un angle droit avec la chaussée. Cette masure fait partie de Pompeia et c'est elle qui sert aujourd'hui d'entrée aux voyageurs qui veulent la visiter.

POMPEIA (*).

Pompeia, ville de la Campanie, située sur le golfe de Naples entre Herculanum et Sorente près du fleuve Sarno, subit le même sort qu'Herculanum, et fut ensevelie sous les cendres du Vésuve.

On doit la découverte de cette seconde ville souterraine à des paysans qui creusaient dans un champ pour y faire des plantations. Sa profondeur est infiniment moindre que celle d'Herculanum; à peine quelques pieds de débris volcaniques recouvrent-ils le faîte de ses édifices.

On commença les fouilles en 1755, mais on employa à ce travail un trop petit nombre d'ou-

(*) Pour de plus amples détails, sur Pompeia et Herculanum, l'on peut consulter les ouvrages volumineux du chevalier Hamilton : *Account of the discoveries, etc.*; de Winkelman *Monumenti antichi et geschichte der kunst;* de Bernouillis; de Martini *das gleichsam auflebende Pompei, etc., etc.*

vriers. Les endroits fouillés sont à une lieue et demie de la mer, et sur une petite hauteur; cependant on commence par entrer à gauche de la grande route de plein pied dans le premier édifice de Pompeia, désigné sous le nom du quartier des soldats.

Il n'y a pas de ruines en Italie qui inspirent autant d'intérêt que celles de Pompeia; là l'imagination n'a rien à conjecturer, à supposer; tout s'y trouve tel qu'il était le jour même de l'horrible catastrophe. C'est véritablement une antique cité des Romains; il semble qu'ils viennent d'en sortir; et il faut l'avoir visitée pour concevoir le plaisir qu'on éprouve en parcourant les rues, les places et en entrant dans les temples, dans les maisons, qui étaient habités par les hommes les plus illustres il y a dix-huit siècles.

Les habitans d'Herculanum eurent le bonheur d'échapper à la lave qui les poursuivait, mais la cendre plus rapide couvrit en peu d'instant Pompeia, et engloutit toute sa population.

En quittant la chaussée, on entre d'abord dans un grand portique quadrilatère, que l'on montre aux voyageurs comme étant le quartier des soldats; cependant c'est une erreur, des

recherches et un examen plus exact font re-
connaître en lui le Forum de Pompeia, bâti d'a-
près les règles de Vitruve. Il a la forme d'un
parallélogramme ; sa longueur est d'environ cent
pas, sa largeur de soixante. Il est entouré de 22
colonnes, sur ses longs côtés et de 15 sur les
autres ; ses colonnes sont octogones, d'ordre
dorique, sans base, et supportant leur entable-
ment, elles sont comme la plupart de celles que
l'on voit à Pompeia de tuf volcanique, et recou-
vertes de stucs d'une couleur qui tient du rouge
et du jaune. Tout autour de ce Forum sont de
petites chambres à plein pied et des boutiques
qui servaient de magasins et de demeures aux
marchands.

Ce Forum établit la communication entre
deux théâtres, l'un est petit et l'on croit qu'il a
servi pour la comédie et les pièces satyriques.
Ce qu'il y a de plus remarquable c'est qu'il
était couvert, contre l'usage des anciens, qui
n'avaient pas l'habitude d'éclairer ces édifices
pour les représentations théâtrales.

Le second est un des plus beaux et des plus
vastes édifices qui se trouvaient à Pompeia, c'é-
tait le théâtre tragique, et ce qui en reste dé-
montre assez la perfection de l'architecture et

la richesse des ornemens qui le décoraient. Il est bien conservé et on le regarde comme le monument le plus propre à donner une idée complète de la construction des théâtres anciens.

Du Forum, l'on trouve un grand escalier, et l'on voit à sa gauche un nouveau mur, bâti dans la même manière que l'ancienne enceinte de la ville qui se prolonge ici près des restes d'une maison qui avait trois étages dont le dernier n'existe plus, et laisse à sa droite les restes d'un temple grec qui était le plus majestueux et le plus ancien de Pompeia. Il est de forme carré et avait 91 pieds de long et 63 de large ; il était entouré de colonnes avec bases et chapiteaux ; sa façade avait neuf gradins et cinq sur les parties latérales.

Avant d'y arriver et à sa droite l'on voit un édifice quadrilatère découvert, long de 72 pieds et large de 52, entouré d'un portique composé de 22 colonnes de Peperin cannelée, que l'on croit avoir été la curie, ou le tribunal. On y remarque encore la chaire oratoire avec un degré pour y monter.

En sortant de la curie on trouve du même côté,

sur la voie publique le temple d'Isis, qui est aussi découvert; long de 68 pieds, large de 60 et entouré d'un portique qui était autrefois couvert, et soutenu sur chacun de ses longs côtés, par huit colonnes de stuc et sur la façade par six pareilles colonnes toutes d'ordre dorique. L'édifice est construit en briques revêtues d'un enduit très-dur, dont les anciens faisaient un grand usage. Quoique ce monument ne soit pas bien considérable il n'en est pas moins précieux, vu qu'il est en entier. D'abord en entrant l'on voit dans le coin à droite de la grande entrée une cavité ou l'on déposait les cendres qui provenaient des sacrifices; à gauche à-peu-près vis-à-vis de cette cavité se trouve une petite chapelle recouverte où il y avait l'autel sur lequel se consommait les sacrifices et un petit escalier qui conduisait à la source sacrée. Entre les colonnes l'on trouve encore cinq petits autels carrés, de quatre pieds de haut, sur deux pieds carrés de superficie, et dans la muraille de l'enceinte l'on voit les ouvertures où se trouvaient les portes qui conduisaient, soit sur la rue, soit à la salle des sacrificateurs ou aux chambres des prêtres. Au fond du temple on monte par un escalier de sept gradins de marbre blanc, au sanctuaire, qui est isolé et consiste en un petit temple carré, qui était couvert d'une voûte et orné de trois niches. Un vestibule très-petit, mais gracieux soutenu par huit colonnes, conduisait à l'autel sur lequel ont été trouvés les débris de la statue d'Isis. On voit encore sous le même autel une très-petite chambre où l'on suppose que se cachait le prêtre qui rendait les oracles au nom de la déesse. Une inscription qui s'y trouve dit « que ce temple dédié à Isis, avait été renversé par un tremblement de terre, et que le peuple et le sénat l'avaient fait rebâtir. »

C'est dans ce temple qu'on a principalement trouvé une grande quantité d'objets curieux et rares, entr'autres les fameuses tables Isiaques, deux cistres, beaucoup de peintures, diverses statues et une infinité d'ustensiles en bronze à l'usage des sacrifices; objets que j'ai pour la plupart vus au musée royal, où ils ont été transportés. On y a aussi déterré quelques squelettes qu'on suppose être de prêtres qui logeaient dans une maison qui est contiguë au temple.

Une porte du temple conduit dans la rue qu'on a découverte, qui est fort étroite et pavée de laves du Vésuve; on y distingue encore les traces des roues. Il y a de chaque côté des trotoirs de trois pieds. Toutes les maisons se ressemblent, et elle sont seulement distinguées par une inscription qui indiquait le nom du propriétaire, ce qui remplaçait le N° usité aujourd'hui. Les plus grandes comme les plus petites ont une cour intérieure au milieu de laquelle est une baignoire en marbre ; cette cour est ordinairement décorée d'une péristyle à colonnes ainsi qu'on le voit encore en Italie. La distribution des maisons est fort simple et uniforme. Toutes les chambres donnent sur la cour ou sur le péristyle : toutes sont très-petites, isolées, et ne communiquent point entr'elles. Beaucoup sont sans croisées et ne reçoivent le jour que par la porte, ou par une ouverture pratiquée audessus. Les chambres et les cours sont toujours pavées en mosaïque, ou en marbre. Le goût italien pour la peinture à fresque se trouve encore à Pompeia ; il y a fort peu de murailles sur lesquelles il n'y ait quelques peintures; il fallait que les couleurs de ces peintures fussent fort bonnes, s'étant si bien conservées. Aussitôt qu'on jete un peu d'eau par dessus, elles paraissent avec beaucoup de vivacité, ces mêmes peintures, quoiqu'en général assez médiocres, sont cependant curieuses à cause des costumes du temps des ustensiles, des chars, vaisseaux, barques animaux, etc., qu'elles représentent.

On trouve ici un petit temple dédié à Esculape ; et une maison d'un statuaire qui renfermait des statues de marbre, les unes presque finies, les autres seulement ébauchées ainsi que beaucoup d'outils et d'ustensiles de l'art.

Près des ruines du temple grec mentionné plus haut on remarque sur la colline un grand portique formé de 56 colonnes de tuf, où les citoyens s'assemblaient et se promenaient à l'abri du soleil et de la pluie. Sur la voie consulaire qui traversait Pompeia dans toute sa longueur on voit beaucoup de monumens sepulcraux et de maisons, entr'autres celle d'un boulanger, bien conservée. On y voit les moulins de pierre des anciens.

La voie Consulaire est pavée de gros blocs de pierres volcaniques de 11 pieds et demi de large. Dans l'intérieur de la ville cette voie devient plus étroite. Elle est bordée des deux côtés d'un trottoir pour les piétons large d'environ deux pieds, sept pouces, ainsi que ceux de la voie Appienne. On voit aussi dans la voie du milieu les ornières formées par les chars.

Sur la colline qui se trouve près de Pompeia existait autrefois un bourg ou village appellé Augustus Félix. On y a entr'autres détcrré une maison qui m'a paru être la plus remarquable de toutes celles que j'ai vues à Pompeia : elle appartenait à Arrius Diomède affranchi. On y trouva le squelette de ce particulier tenant dans une main des clefs, divers colliers, des pièces de monnaie, et dans l'autre différens bijoux en or; derrière lui était un domestique portant plusieurs vases d'argent. Il paraît qu'ils furent tous deux étouffés par la cendre, au moment où se ils disposaient de s'enfuir. On voit dans la partie souterraine de cette maison un corridor à trois côtés qui correspond avec le portique supérieur. Nous y trouvâmes encore 18 à 20 grands vases de terre cuite qui servaient à renfermer le vin. C'est dans cet endroit que l'on trouva les les squelettes de dix-sept infortunés parmi lesquels se trouvait selon toute apparence la maîtresse de la maison à en juger d'après les objets riches qu'on trouva auprès d'elle et qui devaient avoir appartenu à sa parure.

Au milieu de l'édifice est un jardin et une cour entourées de 14 colonnes de briques, revêtues de stuc et qui formaient tout autour un portique couvert, dont le pavé était en mosaïque. Au milieu de la cour on voit un bain comme dans toutes les maisons de Pompeia. Le jardin est découvert, on en voit les bassins, et on distingue les subdivisions.

Le côté droit de l'étage supérieur existe encore, à l'exception du toit qui manque, ainsi qu'à tous les édifices de cette ville qu'on a déterrés.

Après avoir continué de marcher, pendant une petite demi lieue, sur la colline qui recouvre la

2

partie de la ville qui n'a point encore été dé-
terrée, on arrive au superbe amphithéâtre ou
Arena conservé dans toute sa beauté. De nombreux ouvriers étaient alors (juin 1815) occupés
à déblayer la partie encore enfouie sous la lave
et les cendres; mais tout ce que j'en ai vu, fait
espérer que le tout formera un édifice magnifique, bien conservé. Les peintures à fresque, surtout celle représentant un léopard et un autre
un lion, étaient si fraîches qu'elles semblaient
sortir de l'atelier du maître. On travaillait aussi
de continuer à déterrer les murs qui formaient
l'enceinte de la ville.

Pompeia était une ville maritime très-célèbre
et très-grande, elle avait un port, et l'on doit
encore trouver des anneaux fixés aux murs, où
l'on attachait les bateaux. C'était dit Strabon,
l'entrepôt commun de Nola, de Nocera et d'A-
cerra. Le rivage de la mer est aujourd'hui à une
demi lieue; quelques écrivains prétendent que la
mer se retira des terres à la suite des tremblemens de terre; d'autres affirment que la ville s'é-
tendait jusqu'aux rivages actuels de la mer; encore d'autres croyent que l'on avait creusé un
port qui avait sa communication avec la mer,
au moyen des eaux du fleuve Sarno.

Il est probable que plus des sept dixièmes de

cette immense ville sont encore ensevelis; les travaux, qui se continuent avec beaucoup d'activité, font faire tous les jours de nouvelles découvertes intéressantes. Il est seulement triste de ne pouvoir se cacher, qu'Herculanum et Pompeia sont encore exposées à être englouties par la lave du Vésuve, et qu'à la première éruption, nous pouvons peut-être nous voir privés pour toujours de découvertes précieuses, qui pourraient compléter et nous donner les idées les plus exactes sur les mœurs et les usages des anciens.

§ LIII.

STABIA; NOCERA DEI PAGANI; CAVA; SALERNE; RUINES DE POESTUM.

A environ une lieue et demie à droite de Pompeia, sur la côte de Castel à Mare, était située l'ancienne ville de Stabia, qui fut possédée d'abord par les Osques, les Etrusques, les Pelages et les Samnites; les derniers en furent chassés par les Romains sous le consulat de Pompée et de Caton, depuis elle fut détruite par Sylla et réduite à un simple village, qui a été aussi couvert de cendres par l'éruption du Vésuve de 79. La fouille que l'on y a faite, n'est par profonde, elle est presque à fleur de terre, mais à mesure que l'on découvre un endroit, on le remplit pour en fouiller un autre. On a tout lieu de conjecturer que les habitans de Stabia eurent le temps de se sauver et d'enlever tous les effets de quelque valeur avant leur fuite. On n'a découvert que trois corps de femme, dont l'une, qui devait être la servante des deux autres, portait une cassette de bois, qui s'est trouvée à ses pieds, et qui lorsqu'on a voulu y toucher, est tombée en poussière. Les deux autres avaient des bracelets et des pendants d'or.

Après avoir passé la rivière de Sarno près de Pompeia la grande route conduit à Nocera dite Nocera dei Pagani, ainsi appelée parce qu'elle fut prise par les Sarrasins; c'est l'ancienne Nucercé détruite par Annibal, puis rebâtie et enfin renversée en grande partie par un tremblement de terre causé par une éruption du Vésuve, elle n'offre rien de remarquable sinon un beau temple rond antique à colonnes accouplées.

A deux lieues de Nocera on trouve au pied du mont Métellian la petite ville de Cava qui fait un grand commerce de toile et dont la situation est extrêmement pittoresque. Tous ses environs offrent des points de vue délicieux. Près de Cava il y a un charmant ermitage que l'on voit à sa droite en continuant sa route sur Salerne, qui en est éloigné de deux lieues.

Salerne, qui tire son nom de Solé et Erno, deux petites rivières qui arrosent son territoire, est une ancienne ville, aujourd'hui encore assez considérable et capitale de la principauté citérieure avec un château et un port. Elle est située au bord de la mer, dans une plaine fertile et riante, à onze lieues de Naples, son école de médecine jouissait d'une grande célébrité. Les princes héréditaires de Naples portent le titre de prince de Salerne.

De Salerne jusqu'à Evoli, trajet de sept lieues, la route traverse une plaine assez agréable ; mais ensuite elle s'engage dans les Apennins et présente beaucoup de difficultés et de désagrémens à vaincre avant d'atteindre Reggio.

Avant d'arriver à Evoli, on passe le petit ruisseau Tusciano et près de la maison nommée Bâtipaglia on voit à sa droite un chemin de traverse qu'il faut suivre pour arriver aux ruines de Pesto ou Poëstum, ce même chemin conduit au bourg de Capaccio ; il faut seulement après avoir traversé la rivière de Sole et peu avant d'arriver à Capaccio – Vecchio, prendre sur la droite.

Poestum, suivant Solon, était une ville des anciens Doriens, d'autres prétendent qu'elle avait été fondée par les Libarites. Elle fut pillée par les Sarrasins en 930 ; les Normands la saccagèrent en 1080 et en emportèrent de magnifiques colonnes de marbre vert antique. Les savans ne sont pas d'accord à quelle époque et à quelle occasion ce pays reçut le nom de Grande Grèce, quelques uns attribuent qu'il le dut à l'éclat qu'il reçut des fameuses écoles de Pytagore, et qu'il commença à le mériter vers l'an 210 de Rome. Ce pays était rempli d'une population immense, décoré de villes superbes dont les habitans étalaient beaucoup de faste et d'immenses richesses et où les sciences et les arts étaient portés au plus haut point de perfection.

Poestum nous est peint par les anciens comme un lieu de délices, comme le séjour de la volupté, où suivant Virgile, on ne se promenait que dans des bosquets de roses. « *Biferique rosaria Poesti.* » Jamais contrée ne m'a cependant fait éprouver un tel sentiment de tristesse ; le chemin qui se rapproche de la mer, fait cheminer long-temps dans les maremmes et conduit dans une solitude dont le sol aride et marécageux n'est couvert que de ronces et de broussailles. Dans cette contrée aujourd'hui inculte, uniquement animée par quelques troupeaux de buffles sauvages, on découvre au confin de l'horison, des édifices solitaires que le temps a respectés; bientôt on reconnaît des formes régulières, et l'on distingue enfin l'architecture de ces immenses monumens. Ce sont les temples de Poestum, les plus anciens, les plus imposans de tous ceux qui nous restent, et qui vont de pair avec ceux d'Athènes.

Bâtis dans les temps qu'on appelle héroïques, ils ont été témoins de la longue histoire de Rome et semblent destinés à assister au dernier jour du monde. Ces énormes colonnades, immuables au milieu du désert et des siècles, servent aujourd'hui de retraite à quelques animaux de cette triste plaine, qui viennent guidés par leur instinct y chercher un abri pendant les tempêtes. Un seul fermier du comte de Bellisle de Capaccio a eu le courage de s'y établir, pour tâcher de fertiliser ce terrain. C'est là seule maison que l'on rencontre au loin dans cette solitude.

Ces ruines étaient entièrement oubliées, lorsqu'un jeune peintre de Naples, se trouvant à Capaccio, en 1755, fut conduit par le hazard, sur une colline assez élevée au bord de la mer. De cette élévation, il aperçut de loin au milieu des broussailles, des restes de murs et de colonnades: et de retour à Naples, il parla avec tant d'extase de ce qu'il avait vu, que son maître et des savans se transportèrent dans le même mois de mai sur les lieux et y furent frappés de la beauté de ces ruines, qui fixèrent aussitôt toute leur attention.

Tout ce qui nous reste de cette ville opulente, sont : 1º les restes d'une partie de murailles formées de gros blocs de pierre, dont l'enceinte est d'environ trois quarts de lieue et de figure ovale; 2º une des quatre portes; pour les débris des tours qui doivent exister sur le mur d'enceinte, je ne me souviens point de les avoir remarqués; 3º les vestiges d'un amphithéâtre dont il subsiste encore dix rangs de siéges, et 4º deux temples et une basilique.

Le premier édifice qu'on croit avoir été le temple de Neptune, et qui se trouve au milieu est un carré long de 15 pieds, sur 75 de largeur. Il y a six colonnes de face, il était découvert et sans voûte, le fronton est dans le goût de celui du Panthéon; ce temple est composé de colonnes cannelées, sans base, ainsi que cela se pratiquait dans les temps les plus reculés, mais élevés de trois marches; de chacun des deux côtés sont 14 colonnes qui forment un portique extérieur. Dans le dedans du temple, il y a deux ordres, chacun de sept colonnes. Au milieu du temple, on voit des vestiges du sanctuaire.

Le second temple, dédié à Cérès, est décoré de deux façades semblables, qui ont chacune six colonnes cannelées et un fronton. Il y a 13 colonnes à chacun des deux autres côtés, qui forment un portique.

Le troisième édifice est une basilique destinée aux assemblées ou à la promenade des citoyens ; elle est composée dans les deux façades de deux colonnes cannelées sans base placées sur trois marches et de dix-huit dans les deux autres côtés qui forment un portique à l'entour.

§. LIV.

LE MONT VESUVE.

Quoique je n'aie annoncé que la description du théâtre de la guerre situé entre Modène et Naples, et ensuite comme supplément, la description de la route de Naples à Evoli, je crois ne pouvoir terminer cet ouvrage sans donner auparavant une description du mont Vésuve, vu l'intérêt qu'il présente et l'influence qu'il a eue sur le sort de Torre del Greco, d'Herculanum, de Pompeia et de toute cette contrée.

Le mont Vésuve est situé au levant de Naples, à trois lieues de cette ville et à deux de Portici. Ce terrible volcan est séparé du reste de l'A-

2.   36

pennin ; il a trois lieues de tour à sa base et 850 toises de sa cime. Les trois divers sommets du Vésuve ne formaient anciennement qu'une seule montagne, beaucoup plus élevée que ne l'est aujourd'hui le Vésuve. Ces trois sommets sont : l'un appelé la Somma, il est à moitié détruit; on donne à l'autre le nom de l'Ottaïane, qui est fort abaissé; le Vésuve proprement dit, est le troisième, il est celui qui reste le plus entier, et contre lequel le feu du volcan s'exerce jusqu'à ce qu'il l'aura consumé comme les autres.

L'éruption la plus ancienne dont on ait connaissance est celle de 63, puis celle qui eut lieu le 24 août de l'an 79 de l'ère chrétienne et qui ensevelit sous les cendres et la lave Herculanum, Pompeia et Stabia. Les matières calcinées et brûlantes que le Vésuve vomissait, furent portées jusqu'au cap de Misène, qui en est à six lieues. Pline le naturaliste, curieux d'observer ce terrible phénomène, fut étouffé pour avoir voulu s'en approcher de trop près. La lave qui coula du cratère en torrens enflammés était en si grande quantité qu'on la trouve dans les fouilles d'Herculanum et vers la mer, à 85 pieds au-dessous de la surface actuelle du sol. Mais antérieurement à cette époque, et de la plus haute antiquité, il devait y avoir eu d'autres éruptions; on a reconnu que le pavé des rues d'Herculanum et de Pompeïa était de lave et d'autres matières volcaniques, et tout fait croire qu'avant l'éruption de 63, le mont Vésuve semblait un volcan éteint depuis plusieurs siècles, et que l'on y bâtit au pied des grandes villes, comme dans un lieu que l'on croyait sûr.

La plupart des éruptions du Vésuve sont précédées de tremblemens de terre, qui renversent les villes, détournent les sources, et font sortir les rivières de leur lit naturel.

Depuis 79, on compte trente-sept fortes éruptions, mais l'une des plus affreuses parmi celles qui se rapprochent le plus de nos jours, fut celle de 1767. Le bruit du volcan jeta l'épouvante dans tous les environs. Ce bruit fut suivi d'une pluie de feu, de cendres, de pierres calcinées qui partaient d'un épais nuage de fumée. Le lendemain, une lave abondante combla le vallon de Resina.

La rapidité de ce torrent enflammé, fut si effrayante, qu'en une heure il parcourut un espace de plus de trois lieues. Vers minuit, on entendit dans les entrailles de la montagne des mugissemens et un bruit semblable à celui de la plus forte canonnade; ce bruit fut suivi d'un torrent de lave de 320 pieds de largeur et 24 de hauteur, qui se précipita dans le vallon qui sépare l'hermitage d'avec St. Salvador. Le roi qui craignait pour Portici, se retira à Naples. Les cendres furent poussées jusqu'à Gaete, à une distance d'environ 14 lieues.

La lave est un courant de matières enflammées et fondues; elle prend sa direction dans les terrains bas, qui environnent le Vésuse, et conserve son mouvement rapide tant qu'elle est échauffée et en fusion, car une fois qu'elle est refroidie, elle s'arrête, se condense et acquiert la solidité d'une pierre dure et noirâtre. L'épaisseur de la lave est plus ou moins grande, suivant la disposition du terrain où elle a coulé, et les degrés d'inflammation qu'elle a reçus. On ne conçoit pas d'où peut provenir une si grande quantité de matières, par quel art se préparent dans les entrailles de la montagne, ces torrens dévastateurs, qu'elle vomit et par qu'elle puissance le volcan lance au-delà de la portée du mortier, ces énormes quartiers de pierre, que le feu n'a pas eu le tempsde pénétrer; enfin, ce qui occasionne ces terribles mugissemens qui se font entendre au sein du Vésuve.

On estime la hauteur du Vésuve, à la prendre au pied du pic même, vis-à-vis de Resina et de

Naples, à environ 1,500 pieds. On arrive au sommet du Vésuve par trois sentiers; mais me conformant à l'habitude de la plupart des voyageurs, je quittai Naples vers minuit, et pris le chemin de Resine, où l'on est toujours sûr de trouver des conducteurs, et aussi des mulets pour ceux qui veulent en profiter jusqu'au tiers de la montagne. Là, les conducteurs, gens robustes, et faits à cet exercice, font accrocher ceux des voyageurs qui craignent la fatigue de la montée, à une espèce de ceinture en bandoulière, qui leur passe derrière le dos pour les traîner jusqu'au sommet. De là, on arrive dans la vallée d'Atrio del Cavallo, située entre le somma et le Vésuve, on ne peut pas imaginer un endroit plus affreux que celui-ci; il est stérile, inculte, couvert de laves, de pierres, de sable, de scorie et de mâche-fer, mêlés de souffre et d'alun.

De cette vallée, il faut gravir sur le sommet; c'est d'ici qu'on commence à monter sur ce sable mouvant dont les éruptions ont tapissé la montagne. Plus on avance, plus le chemin est difficile, on recule plus ou moins à chaque pas; le sol est d'une chaleur sensible, et la chaussure en est presque toujours brûlée. Nous étions escortés par plusieurs garçons, qui nous suivaient depuis Resine et nous demandaient l'aumône pour

des œufs frais, qu'ils mettaient dans le sable et
retiraient aussitôt pour nous les présenter comme
œufs à la coque et souvent même dûrs. Ils s'a-
musaient aussi à creuser le sol à cinq, à six pouces
pour nous montrer la fumée très-apparente qui
sortait aussitôt de la montagne. Pendant tout ce
dernier trajet, on entendait des détonnations sourdes et non interrompues dans le flanc de la montagne, bruit qui imitait celui d'une canonnade.

Arrivés à la cime du Vésuve, nous nous trouvâmes au bord du Cratère, qui est environné
d'un rebord large de trois à sept pieds et qui doit
en avoir 5624 de tour. Toute cette circonférence
est couverte de souffre et de sable brûlé, sous
lequel il y a des pierres calcinées.

La fumée n'étant pas fort abondante ce jour
là, et le vent assez fort qui s'était élevé, lui
donnant une direction opposée au point où nous
nous trouvions, je descendis avec quatre de mes
compagnons de voyage dans le cratère, à une
profondeur d'environ cent pieds, après que notre
conducteur eut pris la précaution de faire rou-
ler quelques pierres de lave, pour décider les
éboulemens qui pourraient se faire; quoique la
descente soit presque verticale, les irrégularités
du terrain et les pierres qui font saillies four-
nissent le moyen d'y aller.

Lorsqu'on est arrivé au fond de l'abîme, il est assez difficile de pas éprouver une émotion, mêlée de tristesse et d'une certaine frayeur, en entendant les fortes détonnations et les mugissemens au-dessous de vos pieds et autour de vous, et l'idée n'est pas rassurante en pensant où l'on est et en voyant les terribles effets de ces matières inflammables sur tout ce qui vous entoure. La chaleur qu'on éprouve dans le cratère est si considérable qu'on croit être dans une étuve. Les crevasses, qui se multiplient de toutes parts, exhalent des bouffées de fumée ou des vapeurs de soufre très-incommodes.

Le cratère, après chaque éruption, varie en profondeur et dans sa forme; tantôt le fond ressemble à une fournaise ardente et tantôt à un lac. Vers le milieu du 18me siècle, on prétend qu'on y voyait des arbres et de la verdure. En 1802 et depuis l'éruption de 1798, le cratère avait la forme d'un immense entonnoir, et le fond était composé de cendres fumantes et sulfureuses, matières qui sont sans cesse agitées, fondues et refondues.

Lorsque j'y étais, il s'était formé au milieu de ce que l'on nomme le cratère, un entonnoir renversé, formé d'une croûte de lave, de soufre de scorie, de sable et de beaucoup de cendre.

C'était de l'intérieur de ce cône que sortait la lueur et la fumée, et de temps en temps quelques pierres. Cette monticule était si chaude, qu'un de mes compagnons de voyage, qui s'en approcha de trop près, eut aussitôt les bottes et les pieds brûlés.

Au sortir du cratère, c'est un spectacle ravissant que celui de contempler cette verte et fertile campagne, qui s'étend depuis le pied du Vésuve jusqu'à Naples. On regrette seulement de la voir en quelques endroits sillonnée et noircie par des couches de lave plus ou moins anciennes, et qui attestent qu'elle n'a payé que trop cher sa prodigieuse fécondité. C'est dans cette contrée et au pied du Vésuve que croît le fameux vin de Lacrima Christi.

L'on ne doit point se fier sur le calme apparent où le Vésuve est quelquefois pendant plusieurs années de suite, où il ne jete qu'une fumée lente, car c'est alors que dans le sein de la montagne, dans des abîmes profonds se préparent les matières qui servent d'aliment aux volcans. Le feu pénétrant ces matières de toutes parts, elles fermentent, bouillonnent et cherchent à se dégager des gouffres qui les renferment. Des tremblemens souterrains se font sentir, il s'élève dans les airs par intervalle, une fumée noire et épaise. Les habitans m'ont dit que l'on doit trem-

bler, et que l'éruption sera terrible, si elle s'é-
lève en cône, et prend la forme d'un pin.

On croit que la mer s'introduit dans l'intérieur
du mont Vésuve, parce qu'elle abandonne su-
bitement le rivage dans la plupart des éruptions
et que le Vésuve, en vomissant des eaux bouil-
lantes, rejette toujours des coquilles de mer. Ces
eaux provenant de la mer, de la pluie ou de
quelques sources introduites dans les gouffres de
feu, leur donnent un degré de force, d'efferves-
cence et de fureur extraordinaire, et beaucoup
de savans croyent que c'est l'augmentation de
cette masse d'eau qui détermine les éruptions.

Si l'on désire des détails sur la géologie du
Vésuve, du mont Somma, du golfe de Baies et
des environs de Naples, on peut consulter les
voyages physiques et lithologiques dans la Campanie, par M. Scipion Breislack; ce savant in-
terprète des secrets de la nature a répandu dans
les divers ouvrages qu'il a publiés, l'intérêt le
plus vif.

FIN DU TOME SECOND ET DERNIER.

TABLE DES MATIÈRES

CONTENUES DANS CE VOLUME.

DEUXIÈME PARTIE.

Notice historique sur la vie de Joachim Murat. . : *Pag.*   x

TROISIÈME PARTIE.

INTRODUCTION. — Les Apennins, rivières, lacs, grandes
routes. 41
CHAP. Ier (A.) Route de Modène par Rimini, Ancône et Lorette, à Pescara 47

PREMIÈRE SECTION.

Route de Modène à Lorette, suivie par le corps du lieutenant-
général comte Neipperg et par l'armée sous les ordres im-
médiats de Murat. . . . . *ibid.*
§ Ier — Description de Modène . . . . *ibid.*
» II. Route de Modène à Bologne. 52
» III. Bologne. 54
» IV. Route de Bologne par Imola, à Faënza. 63
» V. Faënza. 64
» VI. Route de Faënza par Forli, Forlimpopoli, Césène, à Ri-
mini. 66
» VII. Rimini 70
» VIII. République de St.-Marin. 72
» IX. Route de Rimini à Pesaro. 75
» X. Pesaro. 76
» XI. Fano. 77
» XII. Route de Fano par Sinigaglia, à Ancône. . . . 78
» XIII. Ancône. 81
» XIV. Lorette. 83

DEUXIÈME SECTION.

Chemin de Lorette à Pescara. 88
§ XV. Chemin de Lorette à Pescara . . . . *ibid.*

CHAP. II. N° 5.—Route transversale de Bologne à Florence, suivie par le corps du lieutenant-général. . . . . *pag.* 90

§ XVI. Description de cette route. . . . . *ibid.*

» XVII. Florence. 93

» XVIII. Coup-d'œil sur le sol de la Toscane 122

CHAP. III. (B.)—Route de Florence, par Sienne, Viterbe et Rome, à Naples, suivie par le corps du lieutenant-général comte Nugent 127

§ XIX. Route de Florence à Sienne . . . . *ibid.*

» XX. Sienne 129

» XXI. Route de Sienne à Rome, par Radicofani, Aquapendente, Bolzène, Montefiascone, Viterbe et Ronciglione . 136

CHAP. IV. — Route de Rome à Naples 147

PREMIÈRE SECTION.

Route de Rome à Terracine à travers les marais Pontins par Albano, Cisterne et Treponti . . . . *ibid.*

§ XXII. Albano, tombeau d'Ascagne, tombeau de Pompée, improprement nommé celui des Horaces et des Curiaces. 148

» XXIII. Route d'Albano à Terracine par les marais Pontins. 149

» XXIV. Terracine. 154

DEUXIÈME SECTION.

Route de Rome à Terracine par Marino, Veletri et Piperno. 155

§ XXV. Marino, lacs de Castel Gandolfo ou d'Albano et de Nemi, Fajola . . . . *ibid.*

» XXVI. Velletri, Cora, temple d'Hercule et temple de Castor et pollux, Sermonetta, Sezze 156

» XXVII. Piperno. 161

TROISIÈME SECTION.

Route de Terracine à Naples. 163

§ XXVIII. La Torre di confine, grotte où Trajan sauva la vie à Tibère, Fondi, Itri, Mola, ruines du Formianum de Cicéron, Garigliano et Minturne, Santa Agatha et montagne de Falerne. 164

» XXIX. Capoue, palais de Caserta, Aversa. 168

CHAP. V. — Description de Naples et de ses environs. . . 173

PREMIÈRE SECTION.

Description de Naples. . . . . *pag.* 173
§. XXX. Notice historique sur Naples . . . . *ibid.*
» XXXI. Sa situation. 175
» XXXII. Ses fortifications 176
» XXXIII. Son port . . . . 177.
» XXXIV. Ses rues, le Chiaja, ses places et fontaines. . . 178
» XXXV. Palais et autres édifices remarquables. 182
» XXXVI. Eglises. 187
» XXXVII. Catacombes. 189
» XXXVIII. Théâtres. 190
» XXXIX. Hommes célèbres nés à Naples; ses habitans . . 191

DEUXIÈME SECTION.

Description des environs de Naples. 194
§ XL. Montagne et grotte de Pausilippe, tombeau de Virgile. *ibid.*
» XLI. Le lac d'Agnano, bains de San Germano, la grotte
du chien, la Solfatara. 197
» XLII. Pouzol, temples d'Auguste, de Serapis, de Diane
et de Neptune, l'amphithéâtre ou Coloséo, pont de Cali-
gula, Baies, Bauli, tombeau d'Agrippine, le lac Lucrin ou
Monte novo 200
» XLIII. Le lac d'Averne, temple d'Apollon, la caverne de
la Sybille par où Enée descendit aux enfers, bains de Né-
ron, Cumes, le temple des géants, le tombeau de Scipion. 211
» XLIV. Lac et canal de Fusaro anciennement l'Achéron, les
Champs-Elisées, le cap de Misène 217
CHAP. VI. (C.) Route secondaire de Florence par Arezzo et
Perrugia à Foligno, suivie par le corps d'armée du lieute-
nant-général Blanchi et les divisions napolitaines de Livron
et de Pignatelli 223
§ XLV. St.-Donato, Levane, Arrezzo, Cortone, temple de
Bacchus, tombeau du consul Flaminius, lac de Pérouse,
autrefois Trasimène, Eglise de Notre-Dame des Anges. *ibid.*
CHAP. VII. N° 6. Route transversale de Fano par Fossom-
brone et le Furlo, à Foligno, suivie par les divisions napo-
litaines Livron et Pignatelli 229
§ XLVI. Fossombrone, Urbino, montagne d'Asdrubal, le
Furlo, Cagli, Contiano, Nocera . . . . *ibid.*

CHAP. VIII. N° 7.—Route transversale de Lorette par Tolentino, Foligno, Spolette et Terni à Rome, suivie jusqu'à
Terni par les corps d'armée des lieutenans-généraux Bianchi et Neipperg. . . . . pag. 233

§ XLVII. Recanati, Macerata, Tolentino, Camerino, Serravalle, le Col Fiorito, Casè-Nuove, passage des carrières
de Foligno . . . . ibid.

» XLVIII. Foligno, le temple du Clitumne, Spolette, porte
d'Annibal, pont et aqueduc de la Maroggia. 237

» XLIX. Montagne de la Somma, Terni, cascade du Velino
dite de Marmora, pont d'Auguste 240

» L. Narni, son aqueduc, Otricoli, Borghetto, Civita-Cas-
tellana, Monte-Rosi 245

CHAP. IX. — Route de Naples à Evoli. 249

§ LI. Portici, Herculanum . . . . ibid.

» LII. Torre del Greco, Torre della Nunziata, Pompeia, le
Forum dit le quartier des soldats, théâtre, temple grec,
la curie, temple d'Isis, description des maisons, temple
d'Esculape, le grand portique, la voie Consulaire, maison
d'Arrius-Diomède, l'Arèna. 263

» LIII. Stabia, Nocera, Salerne, Evoli, ruines de Pœstum. 275

» LIV. Le mont Vésuve. 281

FIN DE LA TABLE DU TOME SECOND.